西方生命美学经典名著导读丛书

潘知常
主编

生命的真谛

叔本华《作为意志和表象的世界》导读

伍茂国 著

江苏凤凰文艺出版社

图书在版编目（CIP）数据

生命的真谛：叔本华《作为意志和表象的世界》导读 / 伍茂国著；潘知常主编. —南京：江苏凤凰文艺出版社，2022.3（2023.9重印）
（西方生命美学经典名著导读丛书）
ISBN 978-7-5594-5234-4

Ⅰ.①生… Ⅱ.①伍…②潘… Ⅲ.①叔本华（Schopenhauer，Arthur 1788—1860)-哲学思想 Ⅳ.B516.41

中国版本图书馆CIP数据核字(2021)第229671号

生命的真谛：
叔本华《作为意志和表象的世界》导读

伍茂国 著　潘知常 主编

出 版 人	张在健
责任编辑	朱雨芯　孙金荣
责任印制	刘　巍
出版发行	江苏凤凰文艺出版社
	南京市中央路165号，邮编：210009
网　　址	http://www.jswenyi.com
印　　刷	苏州市越洋印刷有限公司
开　　本	787毫米×1092毫米　1/32
印　　张	8.5
字　　数	148千字
版　　次	2022年3月第1版
印　　次	2023年9月第2次印刷
书　　号	ISBN 978-7-5594-5234-4
定　　价	45.00元

江苏凤凰文艺版图书凡印刷、装订错误，可向出版社调换，联系电话 025-83280257

"生命为体,中西为用"

——"西方生命美学经典名著导读丛书"序言

潘知常

众所周知,中国当代的生命美学是改革开放四十年中较早破土而出的美学新探索。从 1985 年开始,迄今已经是第三十六年,已经问世三分之一世纪。

但是,中国当代的生命美学却并不是天外来客、横空出世。我多次说过,在这方面,中国 20 世纪初年从王国维起步的包括鲁迅、宗白华、方东美、朱光潜在内的生命美学探索堪称最早的开拓,源远流长的中国古代美学则当属源头。同时,它与西方 19 世纪上半期到 20 世纪上半期出现的生命美学思潮,更无疑心有灵犀。遗憾的是,这一切却很少有学人去认真考察。例如,李泽厚先生就是几十年一贯制地开口闭口都把生命美学的"生命"贬为"动物的生命"。而且,作为中国当代最为著名的美学大家,后期的他尽管一直生活在美国,不屑于了解中国自古迄今的生命美学也就罢了,但是对于西方的生命美学也始终不屑去了解,实在令人惊叹。当然,这也并非孤例,例如,德国学者费迪南·费尔曼就发现:"就是在今天,生命哲学对许多人来说仍然是十分可疑的现象:最常听到的批判是生命哲学破坏理性,是非理性主义和早期法西斯主义。"[1]为此,他更不无痛心地警示:"如果到现在还有人这么想问题,应该说是故意抬高了精神的敌人。"[2]

一般而言,在西方,对于生命美学的提倡,最早的源头,也许可以追溯到奥古斯丁的《忏悔录》。而在18世纪下半叶,德国浪漫主义美学家奥古斯特·施莱格尔和弗里德里希·施莱格尔兄弟在《关于文学与艺术》和《关于诗的谈话》中则都已经用过"生命哲学"这个概念。而且,小施莱格尔在他的《关于生命哲学的三次讲演》中也提到了生命哲学。当然,按照西方美学史上的通用说法,在西方,到了19世纪上半期,生命美学才开始破土而出。不过,有人仅仅把西方的生命美学称为一个学派,其中包括狄尔泰、齐美尔、柏格森、奥伊肯、怀特海等人,或者,再加上叔本华和尼采。我的意见则完全不然。在我看来,与其把西方生命美学看作一个严格意义上的学派,不如把它看作一个宽泛意义上的思潮。这是因为,在形形色色的西方各家各派里,某些明确提及生命美

---

[1] [德]费迪南·费尔曼:《生命哲学》,李健鸣译,华夏出版社2002年版,第2页。

[2] [德]费迪南·费尔曼:《生命哲学》,李健鸣译,华夏出版社2002年版,第2页。

学的美学，其实也并不一定完全具备生命美学的根本特征，而有些并没有明确提及生命美学的美学，却恰恰完全具备了生命美学的根本特征。

这是因为，西方美学，到尼采为止，一共出现过三种美学追问方式：神性的、理性的和生命（感性）的。也就是说，西方曾经借助了三个角度追问审美与艺术的奥秘：以"神性"为视界、以"理性"为视界以及以"生命"为视界。正是从尼采开始，以"神性"为视界的美学终结了，以"理性"为视界的美学也终结了，而以"生命"为视界的美学则正式开始了。具体来说，在美学研究中，过去"至善目的"与神学目的都是理所当然的终点，道德神学与神学道德，以及理性主义的目的论与宗教神学的目的论则是其中的思想轨迹。美学家的工作，就是先以此为基础去解释生存的合理性，然后，再把审美与艺术作为这种解释的附庸，并且规范在神性世界、理性世界内，并赋予其不无屈辱的合法地位。理所当然的，是神学本质或者伦理本质牢牢地规范着审美与艺术的本质。显然，这都是一些神性思维或者"理性思维的英雄们"，当然，也正如叔本华这个诚实的欧洲大男孩概叹的："最优秀的思想家在这块礁石上垮掉了。"[1]然而，尼采却完全不同。正如巴雷特发现：

---

[1] ［德］叔本华：《自然界中的意志》，任立等译，商务印书馆1997年版，第146页。

"既然诸神已经死去,人就走向了成熟的第一步。""人必须活着而不需要任何宗教的或形而上学的安慰。假若人类的命运肯定要成为无神的,那么,他尼采一定会被选为预言家,成为有勇气的不可缺少的榜样。"[1]尼采指出:审美和艺术的理由再也不能在审美和艺术之外去寻找。这也就是说,神性与理性,过去都曾经一度作为审美与艺术得以存在的理由,可是现在不同了,尼采毅然决然地回到了审美与艺术本身,从审美与艺术本身去解释审美与艺术的合理性,并且把审美与艺术本身作为生命本身,或者,把生命本身看作审美与艺术本身,结论是:真正的审美与艺术就是生命本身。人之为人,以审美与艺术作为生存方式。"生命即审美","审美即生命"。也因此,审美和艺术不需要外在的理由——我说得犀利一点,并且也不需要实践的理由。审美就是审美的理由,艺术就是艺术的理由,犹如生命就是生命的理由。

于是,西方美学家们终于发现:天地人生,审美为大。审美与艺术,就是生命的必然与必需。在审美与艺术中,人类享受了生命,也生成了生命。这样一来,审美活动与生命自身的自组织、自协同的深层关系就被第一次发现了。因此,理所当然的是,传统的从神性、理性去解释审美与艺术的角

---

[1] [美]巴雷特:《非理性的人》,杨照明等译,商务印书馆1999年版,第183页。

度,也就被置换为从生命的角度。在这里,对于审美与艺术之谜的解答同时就是对于人的生命之谜的解答的觉察,回到生命也就是回到审美与艺术。生命因此而重建,美学也因此而重建。生命,是美学研究的"阿基米德点",是美学研究的"哥德巴赫猜想",也是美学研究的"金手指"。从生命出发,就有美学;不从生命出发,就没有美学。它意味着生命之为生命,其实也就是自鼓励、自反馈、自组织、自协同而已,不存在神性的遥控,也不存在理性的制约。美学之为美学,则无非是从生命的自鼓励、自反馈、自组织、自协同入手,为审美与艺术提供答案,也为生命本身提供答案。也许,这就是齐美尔为什么要以"生命"作为核心观念,去概括19世纪末以来的思想演进的深意:"在古希腊古典主义者看来,核心观念就是存在的观念,中世纪基督教取而代之,直接把上帝的概念作为全部现实的源泉和目的,文艺复兴以来,这种地位逐渐为自然的概念所占据,17世纪围绕着自然建立起了自己的观念,这在当时实际上是唯一有效的观念。直到这个时代的末期,自我、灵魂的个性才作为一个新的核心观念而出现。不管19世纪的理性主义运动多么丰富多彩,也还是没有发展出一种综合的核心概念。只是到了这个世纪的末叶,一个新的概念才出现:生命的概念被提高到了中心地位,其中关于实在的观念已经同形而上学、心理学、伦理学和美学价值联系起来了。"①

波普尔说过:"我们之中的大多数人不了解在知识前沿发生了什么。"②同样,在我看来,"我们之中的大多数人"也不了解在当代美学研究"知识前沿发生了什么"。可是,倘若从生命美学思潮着眼,却不难发现,在"尼采以后",西方美学始终都在沿袭着"生命"这一主旋律。例如,柏格森、狄尔泰、怀特海等是把美学从生命拓展得更加"顶天";弗洛伊德、荣格等是把美学从生命拓展得更加"立地";海德格尔、萨特、舍勒等是把美学从生命拓展得更加"内向";马尔库塞、阿多诺等是把美学从生命拓展得更加"外向";后现代主义的美学则是把美学从生命拓展得更加"身体"。而且,其中还一以贯之了共同的东西,这就是:从生命存在本身出发而不是从理性或者神性出发去阐释生命存在的意义,并且以审美与艺术作为生命存在的最高境界;或者,把生命还原为审美与艺术,并且进而在此基础上追问生命存在的意义。而在他们之后,诸如贝尔的艺术论、新批评的文本理论、完形心理学美学、卡西尔和苏珊·朗格的符号美学……也都无法离开这一主旋律。而且,正是因为对于这一主旋律的发现才导致了对于审美活

---

① [德]西美尔(齐美尔):《现代文化的冲突》,引自刘小枫编:《现代性中的审美精神》,学林出版社1997年版,第418—419页。
② [英]波普尔:《客观知识》,舒炜光等译,上海译文出版社1987年版,第102页。

动的全新内涵的发现,尤其是对于审美活动的独立性内涵的发现。不可想象,倘若没有这一主旋律的发现,艺术的、形式的发现会从何而来。例如,从美术的角度考察的"有意味的形式",从文学的角度考察的新批评,从形式的表现属性的角度考察的格式塔,从广义的角度即抽象美感与抽象对象考察的符号学美学……

再回看中国。自古以来,儒家有"爱生",道家有"养生",墨家有"利生",佛家有"护生",这是为人们所熟知的。牟宗三在《中国哲学的特质》一书中也指出:"中国哲学以'生命'为中心。儒道两家是中国所固有的。后来加上佛教,亦还是如此。儒释道三教是讲中国哲学所必须首先注意与了解的。二千多年来的发展,中国文化生命的最高层心灵,都是集中在这里表现。对于这方面没有兴趣,便不必讲中国哲学。对于以'生命'为中心的学问没有相应的心灵,当然亦不会了解中国哲学。"也因此,一种有机论的而不是机械论的生命观、非决定论的而不是决定论的生命观,就成为中国人的必然选择。在其中,存在着的是以生命为美,是向美而生,也是因美而在。在中国是没有创世神话的,无非是宇宙天地与人的"块然自生"。一方面,是天地自然生天生地生物的一种自生成、自组织能力,所谓"万类霜天竞自由",另一方面,也是人类对于天地自然生天生地生物的一种自生成、自组织能力的自觉,也就是能够以"仁"为"天地万物之心"。而且,这自觉是在生生世世、永生永远以及有前生、今生、来生看到的万事万物的生生不已与逝逝不已所萌发的"继之者善也,成之者性也""参天地、赞化育"的生命责任,并且不辞以践行这一责任为"仁爱",为终生之旨归,为最高的善,为"天地大美"。这就是所谓"一阴一阳之谓道"。重要的不是"人化自然"的"我生",而是生态平衡的"共生",是"阴阳相生""天地与我并生,而万物与我为一",是敬畏自然、呵护自然,是守于自由而让他物自由。《论语》有言:"子罕言利,与命与仁"。在此,我们也可以变通一下:罕言利,与"生"与"仁"。在中国,宇宙天地与人融合统会为了一个巨大的生命有机体。而天人之所以可以合一,则是因为"生"与"仁"在背后遥相呼应。而且,"生"必然包含着"仁"。生即仁,仁即生。

由此不难想到,海德格尔晚年在回首自己的毕生工作时,曾经简明扼要地总结说:"主要就只是诠释西方哲学。"确实,这就是海德格尔。尽管他是从对西方哲学提出根本疑问来开始自己的独创性的工作的,然而,他的可贵却并不在于推翻了西方哲学,而是恰恰在于以之作为一种极为丰富的精神资源,从而重新阐释西方哲学、复活西方哲学,并且赋予西方哲学以新的生命。显然,中国美学,也同样期待着"诠释"。作为一个内蕴丰富的文本(不只是文献),事实上,中国美学也是一种极为丰富的精神资源,不但千百年来从未枯竭,而且越开掘就越丰富。因此,越是能够回到中国美学的历史源头,就越是能够进入人类的当代世界;越是能够深入中国美学之中,也就越是能够切近20世纪的美学心灵。这样,不难看到,重新阐释中国美学,复活中国美学,并且赋予中国美学以新的生命,或者说,"主要就只是诠释中国美学",无疑也应成为从20世纪初年出发的几代美学学者的根本追求,其重大意义与学术价值,显然无论怎样估价也不会过高。

然而,中国美学的现代诠释,也有其特定的阐释背景。经过百年来的艰难探索,美学学者应该说已经取得了一个共识,这就是:中国美学的历史实际上是一部与后人不断"对话"的历史,一部永无终结的被再"阐释"、再"释义"和再"赋义"的历史。而20世纪的一代又一代的美学学人的"不幸"与"大幸"却又都恰恰在于:西方生命美学思潮的作为诠释背景的出现。一方面,我们已经无法在无视西方生命美学思潮这一诠释背景的前提下与中国美学传统对话,这是我们的"不幸";然而另一方面,我们却又有可能在西方生命美学思潮的诠释背景下与中国美学进行新的对话,有可能通过西方生命美学思潮对中国美学进行再"阐释"、再"释义"和再"赋义"(当然也可以通过中国美学对西方生命美学思潮进行再"阐释"、再"释义"和再"赋义"),从而把中国美学在过去的阐释背景中所无法显现出来的那些新性质充分显现出来,最终围绕着把中国美学与西方美学都共同带入富有成果的相互启发之中这一神圣目标,使中国美学从蒙蔽走向澄明,走向意义彰显和自我启迪,并且使其自身不断向未来敞开,达到古今中外的"视界融合",从而把握今天的时代问题,解释人类的当代世界,这,又是我们的"大幸"!

由此出发,回顾20世纪,其中以西方生命美学思潮作为参照背景对中国美学予以现代诠释,应该说,就是一个最为值得关注而且颇值大力开拓的思路。何况,从王国维到鲁迅、宗白华、方东美,再到当代的众多学人,无疑也都走在这样一条思想的道路之上。他们都是从生命存在本身出发而不是从理性或者神性出发去阐释生命存在的意义,并且以审美与艺术作为生命存在的最高境界;或者,都是把生命还原为审美与艺术,并且进而在此基础上追问生命存在的意义。也因此,他们也都是不约而同地一方面立足于中国古代的生命美学,一方面从西方的生命美学思潮起步。至于朱光潜,在晚年时则曾经公开痛悔,因为他的起步本来就是从叔本华、尼采开始的,但是,后来却因为胆怯,于是才转向了克罗齐。由此,我甚至愿意设想,以朱先生的天赋与造诣,如果始终坚持一开始的选择,不是悄然退却,而是持续从叔本华、尼采奋力开拓,他的美学成就无疑应该会更大。

换言之,"后世相知或有缘"(陈寅恪),"生命为体,中西为用",在中国当代美学的历史抉择中,也就理所当然地成了一条首先亟待考虑的康庄大道。西方生命美学思潮,是西方美学传统的终点,又是西方现代美学的真正起点,既代表着对西方美学传统的彻底反叛,又代表着对中国美学传统的历史回应,这显然就为中西美学间的历史性的邂逅提供了一个契机。抓住这样一个契机——中国美学在新世纪获得新生的一个契机,无疑有助于我们真正理解西方美学传统,也无疑有助于我们真正理解中国美学传统,更无疑有助于我们真正地实现中西美学之间的对话,从而在对话中重建中国美学传统。同时,之所以提出这一课题,还无疑是有鉴于一种对于学术研究自身的深刻反省。学术研究之为学术研究,重要的不仅仅在于要有所为,而且更在于要有所不为。每个时代、每个人都面对着历史的机遇,但是同时也面对着历史的局限,因此,也就都只能执"一管以窥天"。这样,重要的就不是"包打天下",而是敏捷地寻找到自己所最为擅长的"一管",当然也是最为重要的"一管"。西方生命美学思潮的作为阐释背景的出现,应该说,就是这样的"一管"(尽管,这或许是前一百年无法去执而后一百年也许就不必再去执的"一管"),也是我们在跨入新世纪之后所亟待关注的"一管"。这就犹如中国人接受佛教思想的影响,犹如吃了一顿美餐,而且这顿美餐被中国人竟然吃了一千多年之久。其中,最为重要的成果则是佛教思想中的大乘中观学说在中国开出的华严、天台、禅宗等美丽的思想之花。因此,在比拟的意义上,我们甚至可以说,西方生命美学思潮就正是当代的大乘中观学说,也正是悟入中国思想与西方思想之津梁。

这样一来,对于西方生命美学思潮的深入了解,也就成了当务之急。而且,"生命为体,中西为用",进而言之,中国生命美学传统与西方生命美学思潮之间的对话,在我看来,起码就包括三个层面。首先是对于西方生命美学思潮与中国生命美学传统之间的内在的交汇、融合、沟通加以历史的考察,亟待说明的是:在明显不同的社会历史、文化传统、思想历程中,西方生命美学思潮何以呈现出与中国生命美学传统的某种极为深刻的内在的交汇、融合、沟通?其次是对于西方生命美学思潮与中国生命美学传统之间的内在的交汇、融合、沟通加以比较的研究,从而把中国生命美学传统与西方生命美学思潮各自在过去的阐释背景中所无法显现出来的那些新性质充分显现出来,做到:借异质的反照以识其本相,并彰显其独特之处。最后是对于西方生命美学思潮与中国生命美学传统之间的内在的交汇、融合、沟通加以理论的考察,并由此入手,去寻求中西美学会通的新的可能性和新的道路,从而深化对于中国美学和西方美学的理解,达到古今中外的"视界融合",以把握今天的时代问题,解释我们的世界,为解决当代美学所面临的共同问题做出独特贡献。

"西方生命美学经典名著导读丛书"的出版之初衷也正是如此!

中国生命美学传统与西方生命美学思潮之间的对话无疑是一个大工程,非一日之功,也不可能毕其功于一役。为此,作为基础性的工程,我们所选择的第一步,是出版"西方生命美学经典名著导读丛书"。这是因为,只有经典名著,才是美学研究中的"热核反应堆",也只有经典名著的学习,才是美学研究中的硬功夫。这就正如费尔巴哈所说:人就是他吃的东西。因此,每个人明天所成为的,其实也就是他今天所吃下的。也犹如布罗姆所说:莎士比亚与经典一起塑造了我们。借助经典名著,中国的美学与西方美学也在一起塑造着我们。它们凝聚而成了我们的美学家谱与心灵密码。在此意义上,任何一个美学学人都只有进入经典名著,才有机会真正生活在历史里,历史也才真正存在于我们的生活里,未来也才向我们走来。

我们的具体的做法,则是选取西方的二十位与西方的生命美学思潮直接相关的著名美学家的经典名著,再聘请国内的二十位对于相关的名家名著素有研究的美学专家,为每一部经典名著都精心撰写一部学术性的导读。我们期待,这些美学专家的"导读",能够还原其中的所思所想、原汁原味,能够呈现其中的深度、厚度、广度和温度,并且希望能够跟读者一起去关注这些西方的生命美学经典名著怎样提出问题(美学的根本视界,所谓美学的根本规定)、怎样思考问题(美学的思维模式,所谓美学的心理规定)、怎样规定问题(美学的特定范式,所谓美学的逻辑规定)、怎样解决问题(美学的学科形态,所谓美学的构成规定),也希望能够跟读者一起去关注这些西方的生命美学经典名著是如何去表述自己的问题、如何去论证自己的思考,乃至其中的论证理由是否得当、论证结构是否合理,当然,也还希望跟读者一起去关注这些西方的生命美学经典名著中所蕴含的思想与创见,以及这些思想与创见的价值在当今安在。从而,推动着我们当代的生命美学研究能够真正将自己的思考汇入到人类智慧之流,并且能够做出自己的真正的独创。毕竟,就这些生命美学经典名著本身而言,它们都是所谓的问题之书,也是亘古以来的生命省察的继续。也许,在它们问世和思想的年代,属于它们的时代可能还没有到来。它们杀死了上帝,但却并非恶魔;它们阻击了理性,但也并非另类。它们都是偶像破坏者,但是破坏的目的却并不是希图让自己成为新的偶像。它们无非当时的最最真实的思想,也无非新时代的早产儿。它们给西方传统美学带来的,是前所未有的战栗。在它们看来,敌视生命的西方传统美学已经把生命的源头弄脏了,恢复美学曾经失去了的生命,正是它们的天命。也因此,我们或许可以恰如其分地称它们为:现代美学的真正的诞生地和秘密。在上帝与理性之后,再也没有了救世主,人类将如何自救?既然不再以上帝为本,也不再以理性为本,以人为本的美学也就势必登场。这意味着从"理性的批判"到"文化的批判",

也从"纯粹理性批判"到"纯粹非理性批判",显然,这些生命美学经典名著提供的就是这样的一种全新的美学,它们推动着我们去重新构架我们的生命准则,也推动着我们去重新定义我们的审美与艺术。

需要说明的是,长期以来,我们的西方美学研究往往是教材式的、通论式的、概论式的,当然,这对于亟待了解西方美学发展进程的中国当代美学学人来说,也是必要的,但是,其中也难免存在着"几滴牛奶加一杯清水"或者三分材料加七分臆测的困境,更每每事先就潜存着"预设的结论",更不要说那种"狗熊掰棒子,掰一个丢一个"的研究路数或者那种为研究而研究、为课题而研究的研究路数了,那其实已经是学界之耻。至于其中的根本病症,则在于忘记了或者根本就不知道西方美学研究首先要去做的必须是"依语以明义",然后,才能够"依义不依语",也因此,长期以来,我们的西方美学研究往往进入不了美学基本理论研究的视野,也无法为美学基本理论研究提供应有的支持。因为我们的西方美学研究与我们的美学基本理论研究基本上就是完全不相关的两张皮,也是两股道上跑的车。这一点,在长期的美学基本理论研究工作中,我有着深刻的体会。值得期待的是,从西方生命美学思潮的经典名著本身的阅读、研读、精读开始,而不是从关于西方生命美学思潮的经典名著的种种通论、概论开始,从"依语以明义"开始,而不是从"依义不依语"开始,也许是一个令人欣慰的尝试。维特根斯坦曾经提示我们:"我发现,在探讨哲理时不断变换姿势很重要,这样可以避免一只脚因站立太久而僵硬。"在此,我们也可以把它作为在美学研究中"不断变换姿势很重要"的一次努力,也作为意在"避免一只脚因站立太久而僵硬"的一次努力。

"生命为体,中西为用"!在未来的中国当代美学探索中,请允许我们谨以"西方生命美学经典名著导读丛书"的出版去致敬中国当代美学的未来!

是为序!

2021.6.14,端午节,南京卧龙湖,明庐

目 录

第一章 寂寞的哲学与哲学家:叔本华生平 …………… 1
  一、出生与欧游 ………………………………………… 1
  二、父亲的亡故与叔本华的大学教育 ………………… 12
  三、失败的职业和哲学 ………………………………… 34
  四、迟到的哲学荣光 …………………………………… 64

第二章 "单一的思想":《作为意志和表象的世界》文本解读
  …………………………………………………………… 78
  一、世界是我的表象 …………………………………… 80
  二、世界作为意志而存在 ……………………………… 98
  三、世界作为表象再论:审美论 ……………………… 119
  四、世界作为意志再论:伦理学 ……………………… 140

第三章 叔本华的影响 …………………………………… 179
  一、"我的哲学之师叔本华":对尼采的影响 ………… 183
  二、"可说与不可说":对维特根斯坦的影响 ………… 194
  三、"可爱的与可信的":对王国维的影响 …………… 210

主要参考文献 …………………………………………… 242
后记 ……………………………………………………… 250

第一章 寂寞的哲学与哲学家：叔本华生平

一、出生与欧游

叔本华（Arthur Schopenhauer）1788年2月22日出生于德国的但泽市（今波兰格但斯克）。他的祖先是荷兰人，后来移居德国。叔本华一家是当地名门望族，1716年俄国的彼得大帝同皇后出游但泽时，曾驻跸其家。叔本华的祖父积累了巨大的财富，晚年在但泽城郊建起了一座华丽的城堡。叔本华的祖母也非庶族出身，但她曾经生育过一个傻瓜，到晚年连她自己也变得疯疯癫癫，这也许是叔本华家族天生忧郁的遗传基因所在吧。

叔本华的父亲海因利希·弗洛瑞斯·叔本华（Heinrich Floris Schopenhauer）生于1747年，是家中幼子。他像祖先一样，也靠着自己的聪明才智积累了巨额财富。到38岁时，海因利希才打算结婚，他迎娶了时年18岁的约翰娜（Johanna Henriette Trosiener）。她是但泽参议会议员的长女，属于中产阶级家庭,有着浅棕色的头发,碧蓝色的眼睛。虽然中年以后由于肥胖影响了仪容,但少女时代的约翰娜的确既聪明又漂亮。

海因利希很早就有机会到欧洲各国游历,在英国和法国住过多年,对英国的印象特别好。他是伏尔泰的信徒,视英国为自由和理智的国度。他希望自己的后代成为英国公民,因此打算带着娇妻到英国生下自己的第一个孩子,但事不凑巧,约翰娜生了病,于是叔本华最终在但泽呱呱坠地。

关于叔本华的降生,流传着一个笑话。海因利希天资甚高,长相却不如人意:身体矮胖、前额丰满、眼睛突出、鼻子极短、嘴巴宽大,耳朵从小失聪。当叔本华出生时,海因利希向家里人报喜,说是一个男孩子,家里的账房先生知道老板听不见,故意开玩笑道,假如他自夸丰满的前额像他父亲,他就是一个很漂亮的孩子了。账房先生的预言大部分实现,除了那对眼睛像母亲外,面部轮廓与父亲完全是一个模子刻出来的。叔本华受洗之后取名阿图尔,取这个名字是因为在商人海因利希看来,欧洲语言中,阿图尔这一名字可以通用,方便以后经商。[①]

[①] 参阅陈铨:《从叔本华到尼采——陈铨德国哲学文集》,西安:陕西人民教育出版社,2016年版,第12—14页。[美]S.杰克·奥德尔:《叔本华》,王德岩译,北京:清华大学出版社,2019年版,第17—18页。陈铨把叔本华的出生日期记为2月21日,并无旁证,查其他相关资料,均为2月22日,陈铨应为误记。

叔本华认为自己是一个无家可归的人,这种几乎与生俱来的感受成为"他生命及哲学的主旋律"①。他在出生地但泽生活了五年,直到家人为了躲避普鲁士的控制逃离此地。他在著名的汉堡市前后共生活了十四年,这是他品尝美好生活的时光,然而当他离开的时候,他又有一种走出监狱大门的感觉。他在德累斯顿生活了四年,写出《作为意志和表象的世界》,不过在他的记忆中,也不过如此而已。在柏林生活十多年,既没有归属感也无认同感。在法兰克福度过生命的最后二十八年,从未获得过公民权。总之,在他的一生中,他一直未曾摆脱无家可归之感,但这并未妨碍他终其一生的使命意识。

1803年年初,父亲海因利希给时年15岁的叔本华一个似乎简单但此后证明实则重大的选择:留在汉堡学习拉丁语,为自己的学者生涯做准备;或者与父母一起漫游欧洲,条件是承诺准备成为一个商人。满怀憧憬的少年阿图尔选择了远程旅行。当然对于精明的海因利希而言,旅行并非肆意的放松,他的真正意图是通过旅行使叔本华阅读世界这一本大书,训练其语言技巧,培养其宽容开放的心态,扩展其知识以及人际交往,这是未来商业活动的必备素质。这种早年超

---

① [美]戴维·E.卡特赖特:《叔本华传》,何晓玲译,杭州:浙江大学出版社,2018年版,第1页。

越常规的教育方式,结果是种瓜得豆,"对于叔本华在心智方面发展成为一名哲学家来说,起到了至关重要的决定性作用。对于世界之书的阅读,似乎成了叔本华哲学方法论的基本原则,以及他对于自己的哲学英雄伊曼努尔·康德所进行的批判的重要基础。"①

1803年5月3日,叔本华一家开始了精心计划的欧洲之旅。他们先是到达汉堡,然后前往吕伦堡,经不来梅、英国多佛口岸,于1803年5月25日下午到达伦敦。此后伦敦成为叔本华衡量其他城市的标准,留下的良好印象保持了一生。叔本华具有同龄人少有的细腻观察力和价值判断力。他在伦敦对威斯敏斯特大教堂中逝者的怀想与尼姆的古罗马圆形竞技场遗迹结合在一起,在这里他看到的不仅仅是人类的伟大创造力,也深深地思考着"死亡",这些思考直接影响着他在《作为意志和表象的世界》中关于死亡的表达。

1803年6月30日,在旅行了大约五周之后,叔本华成为托马斯·兰卡斯特(Taomas Lancaster)牧师学院一名特殊的寄宿生,具体原因不清楚。也许是这个学校的校长与叔本华的父亲海因利希有生意上的往来,也许是漂亮的校园吸引了他们一家,总之,他的父母把他送进了这所事实上令他极

---

① [美]戴维·E.卡特赖特:《叔本华传》,何晓玲译,杭州:浙江大学出版社,2018年版,第40页。

不愉快的学校,他在这里度过的十二个星期不仅是旅途中,而且很可能是其青少年时期最不开心的日子。原因在于,该校的教学方法机械——强调死记硬背、体罚学生、呆板而平庸的氛围、英国安息日制度蕴含的宗教狂热,对于好奇心重、喜欢独自行事的叔本华而言,几乎难以忍受。加之旅行中的父母把他一个人孤零零地丢在陌生的寄宿制学校学习英语,父亲还在给他的信中充斥着对他学习效果的指责批评,这些都像泰山压顶般地折磨着他。这一段经历深刻地影响了他对宗教的态度以及价值判断。当他在英国经历了这一切的四十八年之后,在《附录和补遗》第 1 卷①中,有一个冗长的注释,直接批判英国教会贪婪、腐败、不知羞耻、阻碍公共教育等等。叔本华认为,这种严守所谓安息日美德的布道,在道德方面毫无意义,其后果尤具毁灭性,因为它曾使得践行者问心无愧地参与到在道德方面最应受到谴责的行为之中,叔本华并把这种厌恶与他批判的黑格尔、费希特等相提并论。

旅行结束之后,他遵照与父亲的协议在但泽接受学徒训练,为经商生涯做准备。海因利希望子成龙,一如既往严苛地要求着叔本华,但叔本华很少抱怨,他内心一直充满着感激,感激父亲海因利希给予他生活的巨大馈赠。虽然他从未

---

① [德]阿图尔·叔本华:《附录和补遗》(第1卷),韦启昌译,上海:上海人民出版社,2019年版,第19页。

如父亲所愿那样练就一笔清楚的字体,但在49岁时,叔本华向自己少年时代的朋友安蒂姆·格雷古尔·德·布雷兹迈尔自信地提到,他达到了父亲希望挺直腰杆走路的要求:"我的举止和步态坚定而敏捷。我仍然是经常走得比其他所有人都快。"[①]令人惊讶的情形同时出现,母亲约翰娜同样严格要求他,却招致叔本华几乎一生的反感,乃至成为心灵的创伤,老死不相往来。

叔本华在伦敦的旅游生活相当丰富,在这里他不仅与父母一起参观了所有重要景观,而且观看了好几部莎士比亚的戏剧,包括在特鲁里街上演的《无事生非》和在考文特花园上演的《哈姆雷特》和《理查三世》。对莎士比亚戏剧的喜爱和熟稔使得叔本华对威斯敏斯特大教堂中莎士比亚的墓冢前的诗句记忆深刻,他在《旅行日记》记录下《暴风雨》中的著名诗句,这些诗句都被刻在石碑上:

> 那高入云霄的楼台,辉煌的宫殿,
> 宏伟的庙宇,以至整个儿地球——
> 地面上的一切,都将烟消云散,
> 也会像那虚无缥缈的热闹场面,

[①] [美]戴维·E.卡特赖特:《叔本华传》,何晓玲译,杭州:浙江大学出版社,2018年版,第53页。

不留下半点影痕。论我们这块料，
也就是凭空织成那梦幻的材料。
我们这匆匆的一生，前后左右，
都裹绕在睡梦中。①

叔本华同样记录了剧作家约翰·盖伊（John Gay）半身雕像下的墓志铭：

生活是场玩笑，一切皆已证明；
我曾这般思考，如今已然明悉。②

这些笔记中的人生感喟孕育着叔本华的哲学幼苗，他对生命意志的反思，对人类整体悲剧命运的体认，英国之行的痕迹是无法抹去的。

叔本华一家在伦敦待了几周之后，经荷兰于1803年11月27日到达巴黎。叔本华对巴黎感到失望，觉得远不及伦敦的城市水准，街道逼仄，路面肮脏，灯光黯淡。他参观了巴士底狱，悚然惊觉人的永恒的苦难、无言的哀叹和囚徒毫无

---

① 采用方平所译《暴风雨》中译文，参见［英］威廉·沙士比亚：《莎士比亚全集》（第九卷），上海：上海译文出版社，2014年版，第514页。
② 采用黄兰岚译文，参见［英］萨缪尔·法努斯编：《墓志铭图书馆》，上海：上海译文出版社，2019年版，第388页。

希望的痛苦。在巴黎期间叔本华也有幸见到黑格尔的"马上英雄"拿破仑的真容,但叔本华对拿破仑的描述和认知与当时做着耶拿大学讲师的黑格尔相比,既有相同之处,更有不同的地方。相同之处在于二人都承认拿破仑的重要性,将其视为异于寻常之人,认为他体现了世界的目的。具体而言,对于黑格尔,拿破仑是世界历史上的巨人,马上英雄,他以雄心和激情推动历史达成自己的目的,就像亚历山大大帝和尤利乌斯·恺撒那样。在叔本华心目中,拿破仑具有独特才能、勇气和罕见的影响力。他能够战胜自己,将生命意志那令人惊骇的壮观景象以及意志否定的基础,呈现于世界舞台之上。不同的是,黑格尔认为拿破仑使历史向着目标迈进,但同时也留下历史的"屠宰台",因为拿破仑这样的人"可能会肆无忌惮地来对待其他伟大的,甚至神圣的利益,而对他人却毫不顾及——这种行为事实上会令他们陷入道德谴责的境地。但如此强势的人物,却一定会践踏许多无辜的花朵,一定会在其经过的小道上将许多东西碾为碎片"。[1] 与之相反,叔本华则认为拿破仑这样的人虽然拥有罕见影响力,但并未使世界变得更好,他只是欲求或生命意志的自我重复而已。拿破仑与亚历山大大帝及恺撒一样,用一种不同的方

---

[1] [美]戴维·E.卡特赖特:《叔本华传》,何晓玲译,杭州:浙江大学出版社,2018年版,第82页。

式讲述着相同的故事,在世界历史舞台上毫无新意。即便最终结局完满,也无从消除血腥手段产生的罪责。

此时36岁的黑格尔尚未成为少年叔本华心目中的"黑兽"(bête noire)——这只高高在上的"黑兽"终将成为他终生诅咒的对象。

巴黎的艺术博物馆和各种画廊、戏剧演出与音乐会使得叔本华深为折服,他见识了不计其数的各式各样的伟大艺术品,对于各类艺术的亲身体验,为他的美学注入生动的内容,使他建构了一套比他同时代大多数人更为精致细腻和打动人心的艺术哲学。在《作为意志和表象的世界》中,他为自己对那些伟大艺术品的亲身体验而感到自豪,并且批评康德的理性美学,他认为康德美学之所以矫揉造作,是因为康德本人从未正儿八经地去欣赏过优秀的艺术品,他对美的认识缺乏体验,其美学出发点,不从美自身,不从直观的美出发,而是从对美的判断,从所谓趣味判断出发。康德理论仿佛聪明的盲人依赖他人的描述而去识别色彩。

离开巴黎,他们一家去了波尔多和蒙彼利埃,经过尼姆,并在马赛与土伦之间逗留。叔本华为土伦军械库干活的囚犯的悲惨境地而感到震惊,这些人引发了他对颅相学的巨大兴趣,他认为大多数人无论在道德上还是智力上都存在可悲又可鄙的天性,这种天性在他们的脸上有着相应的印记。他由此联想到人类其实都是被判了刑的难友,因此,需要宽容、耐心、克制以及对于邻人的爱。

他们接着从马赛经阿维尼翁、蒙特马桑、泰恩、瓦朗斯和圣瓦利耶德蒂耶,然后经里昂进入瑞士。在瑞士,叔本华被阿尔卑斯山的勃朗峰深深震撼,在《作为意志和表象的世界》,他以之比喻天才所具有的忧郁和宁静:

> 人们经常观察到,天才具有忧郁的性格,仿佛隐藏于云遮雾罩中的勃朗峰(Mont Blanc)一样。但偶尔,尤其是在清晨,乌云的面纱会被掀起,阳光下金色的山峰从云霄之上俯视夏蒙尼(Chamonix),这是一幅令所有人怦然心动的景象。个性忧郁的天才有时也会表现出这种特有的平静。……这种源于头脑所具有的最完美的客观性,仅仅在他独处之时才有可能。[1]

叔本华一家在瑞士旅行,先从日内瓦到阿旺什,接着到伯尔尼,然后到达布格多夫。布格多夫有著名的裴斯泰洛奇学校,这所学校由瑞士著名教育家、现代新型教学法创始人裴斯泰洛奇于1799年创办。他们参观学校的时候,虽然因为不凑巧,未能亲聆裴斯泰洛奇授课,但全家人深入课堂几

---

[1] Schopenhauer, Arthur. *The World as Will and Representation*, Vol. 2, trans. E. F. J. Payne. New York: Dover Publications, Inc., 1969, p.383.

个小时,观摩几何、算数、阅读和语言的教学。叔本华听得很仔细,也很投入,他在自己的《旅行日记》里记录了课堂中的所见所闻。而且,裴斯泰洛奇在他们回到客栈以后,亲自登门拜访。叔本华对裴斯泰洛奇本人并未留下意料之中的好印象,他觉得他看起来远远老于他那58岁的实际年龄,而且口吃地说着蹩脚的德语和法语。实际上,叔本华对裴斯泰洛奇学校创新的教学方法也不以为然,因为他认为:

> 通过直觉理解[Anschauung]世界是我们所有知识的基础及其实质。但这只能从自我获得,任何灌输方式都无法达成。因此,我们的价值,包括道德和智慧,并非源自外部,而是来自我们内心深处的天性。①

旅行继续进行,他们去了洛桑、苏黎世、夏夫豪森、康斯坦茨、奥格登堡、慕尼黑等著名城市,然后去了维也纳。在这期间,叔本华曾徒步旅行,南下到达赫希贝格同父母会合,然后一同返回施米德贝格,之后又到兰茨胡特、瓦尔登堡和布雷斯劳,在穿越低地中的沙滩之后,到达海瑙,接着又到达德累斯顿,在停留大约十天以后,最终抵达柏林,完成了这次长

---

① David E. Cartwright. *Schopenhauer: A Biography*. New York: Cambridge University Press, 2010, pp.82-83.

达十六个月的旅行。旅行的结束意味着青春的结束,也意味着要去履行学做商业的承诺。

二、父亲的亡故与叔本华的大学教育

叔本华似乎完全接受了命运的安排。他从柏林随母亲回到但泽,在父亲的商业伙伴与朋友雅各布·卡布伦(Jakob Kabrum)那里做了三个月的学徒。然后又在父亲的其他朋友和各种商业伙伴手下进行学习。这种背离叔本华天性的职业训练之旅,简直成了无尽的痛苦,"令人厌恶的工作和微薄的薪水……我越来越意识到自己选择了一段错误的人生旅程——一个我完全怀疑能否可以加以改正的错误"[①]。然而事情在不久后有了转机。1805年4月20日,父亲海因利希·弗洛瑞斯的尸体被人发现漂浮在自家院子后面运河冰冷的河水中。

父亲的故去将叔本华的心完全掏空,这时候已经没有什么能够阻挡叔本华摆脱"错误的生活之旅",因为,海因利希留下了丰厚的遗产,这笔遗产被分成三等份,叔本华、母亲约翰娜及妹妹各自继承一份。叔本华从此以后可以从事自己

---

① David E. Cartwright, *Schopenhauer: A Biography*. New York: Cambridge University Press, 2010, p.87.

心仪的哲学事业,他有大把的时间致力于自己的观点阐述,而不必像斯宾诺莎那样打磨光学镜片,像康德那样保有大学职位,也不必像自己的哲学死对头黑格尔那样取悦于读者或教会和执政者。但父亲之死对叔本华的打击相当巨大,那时候他显然悲伤不已,也有些不知所措。想着自己要背弃向父亲立下的诺言,一种负罪感油然而生。为了劝慰自己,克服负罪感,他不仅继续做了一段时间的商业学徒,而且在内心赋予父亲的亡故以神圣的牺牲色彩,在《作为意志和表象的世界》第二版的献词中,他不仅称海因利希的灵魂高贵而杰出,并且对父亲留下大笔让他衣食无忧的遗产而感激涕零[①]。大约在叔本华看来,倘若不如此,便不能洗脱背叛父亲的阴影。

父亲的死也成为叔本华思考女性、自杀等哲学主题的原始意象。在海因利希死亡原因认定上,叔本华与其母亲约翰娜都持自杀的观点,但当时并不能完全排除失足落水导致的情况。自杀的原因在海因利希自己身上。叔本华家族有着无法摆脱、让人绝望的遗传疾病——年过半百即体力衰竭,而海因利希还长期患有其他多种不明病症,长途跋涉的旅游使得这些病症更其加剧。但是,叔本华却不这样认为,他把

---

① David E. Cartwright, *Schopenhauer: A Biography*. New York: Cambridge University Press, 2010, p.90.

父亲的不幸归咎于他那外向型性格的母亲。他向朋友埋怨自己的母亲在父亲患病期间,大开派对,寻欢作乐,从未尽到妻子的责任。这种认知甚至导致叔本华与其母亲终生不能保持正常的母子关系,更为严重的是,他对女性的厌恶也从来没有得到缓解。

因为父亲,叔本华把自杀的思考纳入了他的意志哲学。在海因利希亡故七年之后,叔本华已在柏林大学学习,写下了一则《反对自杀》的笔记。两年之后,在德累斯顿写作《作为意志和表象的世界》时认真反思自杀,认为自杀是一种不愿再有欲望的意志。晚年出版的《附录和补遗》专门收录了《论自杀》一章,梳理了西方哲学、宗教界关于自杀的主要观点。叔本华的结论和主张是:"自杀妨碍达到最高的道德目标,因为自杀只是以一个表面上的解救办法挤掉了从这苦难世界得到解脱的真正方法。但这犯错与基督教教士想要对其认定的犯罪,却是相当长的距离。"[1]最终的情况似乎是:叔本华对于自杀的分析,既是在为父亲进行辩护,又是在对其进行谴责。

当然,海因利希的亡故对于心性活泼的约翰娜也是一种解脱。1805年4月24日,在丈夫意外身亡四天之后,她在汉

---

[1] [德]阿图尔·叔本华:《附录和补遗》(第2卷),韦启昌译,上海:上海人民出版社,2020年版,第357页。

堡的一家报纸上刊登了一则类似讣告的启事："我谨悲痛地向亲朋好友宣布夫君海因利希·弗洛瑞斯·叔本华先生的离世消息,他死于一桩意外的不幸。请不必对此表示哀悼,那只会加剧我的悲伤。"①

丈夫去世四个月之后,约翰娜变卖家产,迁往汉堡城的另一端居住。但约翰娜渴望激动人心的生活的天性未能阻挡她继续谋划未来的生活之路,不久之后,便带着自己年幼的女儿阿黛勒前往魏玛,这座当时被称作"德国的雅典"的梦想之城、"诗人之城",而叔本华则留在汉堡继续学徒生涯。

魏玛当然是座迷人的城市。自1775年起,著名诗人、作家歌德便居住于此。席勒也从1799年定居于此,直至1805年去世。其他名气稍逊的名流更是不胜枚举。约翰娜孤身一人于1806年5月14日先期到达魏玛,她租住在小有名气的剧作家科策布的姐姐家。9月21日,从汉堡接走自己年仅9岁的女儿。她没有与儿子叔本华当面道别,而是留下了一张便条,为自己的不辞而别婉转地表达歉意。叔本华读到这张便条时,向往美好生活的母亲已经消失得无影无踪。叔本华当时正在一个保险经纪人那里实习,深陷苦闷彷徨之中,只有工作之余的阅读以及他的"法国兄弟"安蒂姆·格雷古

---

① David E. Cartwright, *Schopenhauer: A Biography*. New York: Cambridge University Press, 2010, p.94.

尔周末的到访,才能给他带来些许的愉快和慰藉。

然而怀着美好的愿望前往魏玛城的约翰娜面临的却是拿破仑军队兵临城下的现实。她甫一到达,普鲁士的弗里德里希·威廉三世即向法国宣战。魏玛公国卡尔·奥古斯特大公极不明智地选择与普鲁士联盟。战争如箭在弦,一触即发。约翰娜焦虑万分,准备逃离魏玛。她到处联络魏玛城里的各类显赫人物,以期得到更合理的建议。当时的陆军元帅弗里德里希·卡尔克罗伊特以及歌德等都曾到府上拜访,这给了约翰娜信心,她决定留下来。然而拿破仑的军队很快攻破城池,大炮轰鸣,子弹呼啸而过,火光冲天,街道上横七竖八躺满伤员和死人,约翰娜几乎陷入绝望。然而幸运之星及时光顾了她,闯入她家的骑兵,其中有一个是其女仆索菲的同乡。乡谊、慷慨提供的葡萄酒、甜美可爱的小阿黛勒、约翰娜游刃有余的法语及沟通能力,在敌我之间意外地建立了融洽的关系,她的家成为战时庇护所。约翰娜不仅毫不吝啬地向拿破仑的士兵提供物资,也向需要帮助的魏玛城里的各色人等施以援手。她的所作所为产生了良好的效果,不但一般人纷纷为她点赞,就连高贵的歌德也听从她的建议,为伤病士兵打开自家的葡萄酒窖。在这战争的非常时期,聪明伶俐的约翰娜使不少的艺术家、学者免受士兵的侮辱,维护了起码的尊严。意想不到的收获也接踵而至,约翰娜借此也与许多著名人物,尤其是歌德建立了密切的关系,这种关系在她两个孩子往后的日子中起到不可小觑的作用。

约翰娜通过书信向叔本华详细介绍了战争情况以及自己的生活。但叔本华并未对母亲及妹妹的悲惨困境产生同情,他没有拿起武器反抗法国人。拿破仑的胜利不曾激起这名年轻人统一德国的愿望——这可是他那一代人的共识啊!他几乎成为父亲海因利希世界主义观念的理想传人,而且这种态度甚至超越了自诩为他的学生的尼采的"有教养的欧洲人"观念。我们从这里也隐约看出叔本华日后对于生命虚无哲学思考的大致轮廓。托马斯·曼可谓解人:

> 每个人都感觉得到这种满足;因为如果说一个进行审判的精神和伟大的作家从一般意义上讨论世界和苦难,那么他也会说到你的苦难和我的苦难,于是,我们所有的人都将因这种无与伦比的优美语言而感到解了恨,报了仇,最后不禁产生一种得意感。[①]

也就是说,当作为哲学家的费希特和黑格尔全身披挂准备保家卫国的时候,叔本华却以世界主义的口气消解着这种集体主义的一般意义,因为世界主义是没有国家的个体生命

---

① [德]托马斯·曼:《多难而伟大的十九世纪》,朱雁冰译,杭州:浙江大学出版社,2013年版,第122页。

意志的辩护者。

他独自在汉堡生活。虽然父亲活着时，他的生活谈不上理想状态，却有着家庭的稳定、安全。现在父亲故去，母亲也不再特别要求他从事承诺的工作，对父亲的承诺的力量实在是太强大了，强大到成为令人焦虑不安的良心拷问，使得他在俗世职业与哲学研究之间进退维谷。叔本华本来希望母亲能毫不犹豫地支持自己的哲学志业选择，但母亲要他自己决断。约翰娜深深了解儿子的本性，她寄希望于安蒂姆能给叔本华的生活带来些许亮色。效果是有的，叔本华与安蒂姆分享阅读书目，沉溺于哀叹自己毫无意义的注定经商的命运，参加派对和音乐会。但安蒂姆的英俊潇洒更受女性青睐，他在女性面前的成功凸显着叔本华的失败。叔本华情绪低落，将女性视作性的糟粕的象征。他并未就此低下反抗命运的头颅，再一次向母亲表达了进入大学学习的愿望。约翰娜把这些信息告诉歌德，歌德建议她不要阻止叔本华继续求学的愿望。在经过反复沟通和权衡之后，叔本华于 1807 年 5 月底离开汉堡，并于 7 月 16 日来到哥塔。除了在本地一所文理中学学习语言，他还每天花两小时跟随该校校长弗里德里希·威廉·德林（Friedrich Wilhelm Doering）学习拉丁语。出乎意料的是，由于叔本华语言上的超人天赋，他的学习效果惊人，这在某种程度上消除了此前对年龄过大、无法学习古典语言的担忧。但年轻的叔本华花钱大手大脚，迷恋贵族圈子，贪图虚荣。他发现哥塔地方的人崇尚物质、庸俗不堪、窥私欲强，虽然他自己也沉溺其中，但又常常愤世嫉俗，他甚至写了一首讽刺文理中学教员的诗，极尽挖苦之能事——他开了一个危险的玩笑，这首让人恼火的诗很快流传开来，最终导致局面无法收拾。处理结果是，虽然叔本华可以继续留在学校就读，但校长的单独授课被取消了。不得已，叔本华于1807年12月23日离开哥塔，去往母亲身边。约翰娜并不欢迎儿子的到来。叔本华本来有多种选择，他可以去慕尼黑，也可以去阿尔滕堡上学，约翰娜无法理解儿子何以会自然而然地选择魏玛。她并不认为叔本华是想念家人，而是试图替代海因利希掌控家庭，支配她和阿黛勒的命运。

"知子莫若母"，约翰娜显然害怕叔本华毁掉她孜孜以求的自由、热闹、优雅的生活。因此，虽然同意叔本华来到魏玛，但给出了严苛的条件。叔本华不能与她和阿黛勒住在一起，他可以来探望她，但不能对家庭事务指手画脚。他可以每天下午一点到她家来，待到三点。他可以周四或周日来参加她的茶会，并与她共进晚餐。她同时要求叔本华不能同人发生争执。其他时间她会为他在临时住所安排膳食。这一年叔本华19岁。他现在清楚地知道了他在母亲心目中是何等的一个人，但他毫无办法，只能接受母亲的条件。

母亲安排一个老师给他在公寓教授语言。叔本华对老师非常满意，也感激不尽。在学习语言的同时，他还自学经典名著、数学和历史。在遵守母亲规定的前提下,叔本华有机会参加了各种名流的活动。比如,歌德曾发起组织了一次盛大的假面舞会,叔本华有幸在其中装扮渔夫。在舞会上,年轻的叔本华为美女演员、魏玛-萨克森公爵卡尔·奥古斯特的情妇卡洛琳娜·雅格曼(Caroline Jagemann)深深吸引,并且诗兴大发,他写下了自己一生唯一一首传世情诗:

> 唱圣歌的人们穿过小巷和街道,
> 我们站立在你的房子前面:
> 我为自己所感到的悲伤,将化为喜悦,
> 如果你站立窗前,向外眺望。
> 大街之上,唱圣歌的人们在歌唱:
> 在倾盆大雨中,在漫天飞雪里,
> 裹在一袭微微发白的斗篷之中,
> 我抬头仰望你家的窗户。
> 太阳为云层所覆盖,
> 然而,在这个冬日的清晨,
> 你眼中闪现出的亮光和微光,
> 令我沐浴着天国的暖意。
> 窗帘遮住了你的窗户,让人无法得见:
> 你在丝质坐垫上沉入梦乡,
> 梦见爱之欢乐即将到来,

你可觉察到命运所开的玩笑？

唱圣歌的人们穿过小巷和街道：

我的双眼满含渴望，徒劳无益地不愿离开；

你的窗帘遮蔽了太阳：

我的命运实乃一片阴霾。①

虽然当时未能得到美女的青睐，但据说晚年的时候，他曾偶遇了已被晋封为贵族的雅格曼，并且给她讲述了箭猪的寓言：

> 一个寒冷的冬日，为了避免冻僵，一群箭猪相拥在一起取暖。但很快，它们感受到了各自对方的硬刺。这让它们被迫分开。但当取暖的需要让它们的身体再度靠在一起，身上的硬刺又再次把它们扎痛了。这些箭猪就被这两种苦处反复折磨，直到它们终于找到一段恰好最能容忍对方的距离为止。②

这是叔本华自己喜欢的寓言，也是他最喜欢讲给别人听

---

① ［美］戴维·E.卡特赖特：《叔本华传》，何晓玲译，杭州：浙江大学出版社，2018年版，第161—162页。
② ［德］阿图尔·叔本华：《附录和补遗》（第2卷），韦启昌译，上海：上海人民出版社，2020年版，第798页。

的寓言。其实故事后面还有一大段阐述人际关系距离的文字,但当时他大约没有讲出来,他相信美人迟暮的雅格曼完全能够理解他特有的幽默和渴望的情感与人际状态。

1809年2月22日,叔本华21岁,获得了继承父亲遗产的权利。他得到的是一万九千塔勒,这笔钱每年会带给他大约九百五十塔勒的利息。这无疑是一笔巨款,比附近耶拿大学的教授两倍的薪水还要多。这年秋天,叔本华获得了进入大学学习的资格。

1809年10月9日,叔本华在哥廷根大学作为一名医科大学生注册入学。哥廷根大学1737年由汉诺威的亲王所建,比较而言,是一所办学时间并不长的大学。哥廷根以及哥廷根大学与英国皇室有着种种关联,具有较明显的英国情调,这对挚爱英语和英国文化的叔本华具有极大的吸引力。哥廷根大学师资力量也较为雄厚,遵循现代教育原则,神学色彩较为弱化,而且吸引着大批贵族学生入学,这些都是叔本华喜欢的。

1809—1810冬季学期,叔本华选修了以科学学科为主的课程。他选修了贝恩哈德·弗里德里希·蒂鲍特(Berhard Friedrich Thibaut)的数学讲座,这位教授为叔本华享受学校图书馆借书特殊待遇提供担保;他还选修了阿诺德·赫恩(Arnold Henn)的"从蛮族入侵直到近代欧洲国家的历史"讲座课程。赫恩用跨学科或普遍性方法理解历史,从经济、政治、军事和地理等各个角度解释国家风俗和制度,相比较这种特殊的方法,赫恩课程中所传达的历史细节对叔本华更具吸引力。叔本华接下来还分别听过赫恩关于中世纪历史的系列讲座以及关于人种论的讲座。赫恩对叔本华产生了较大的影响,他后来对东方思想的兴趣、对日本人性行为的研究、对佛教为何在缅甸盛行的分析,都与赫恩分不开。这之中对叔本华影响最大的教授是约翰·弗里德里希·布鲁门巴赫(Johann Friedrich Blumenbach),他是哥廷根大学的资深教授、德国比较解剖学先驱、现代人类学创始人。叔本华选修了他的自然历史、矿物学、比较解剖学和生理学讲座,叔本华显然对布鲁门巴赫特别入迷,他后来回忆道:

> 我在哥廷根读书的时候,布鲁门巴赫在生理学讲座时,相当严肃地向我们讲到了动物解剖是多么可怕的事情;所以,人们应该尽量少些这样的解剖,也只有在那些能带来关键的和直接用处的实验才可以进行。然后,要邀请所有的医学生参加,必须在大厅里尽量公开进行,让在科学祭坛上做出的残忍牺牲尽量发挥出最大的用处。[1]

---

[1] [德]阿图尔·叔本华:《附录和补遗》(第2卷),韦启昌译,上海:上海人民出版社,2020年版,第435页。

布鲁门巴赫反对活体解剖的立场，促使叔本华形成自己关于非人类的动物道德立场的观点，这是叔本华伦理学中极具当代意义的观点之一。叔本华敬佩布鲁门巴赫渊博的学识，称赞他为哥廷根大学所有杰出学者中"最具价值的一位"。

除了以上教授的课程，叔本华还选修弗里德里希·斯托梅耶尔（Friedrich Stromeyer）开设的化学讲座，这位内科医生、化学及药学教授是镉的发现者。他选修了海因利希·阿道夫·施拉德尔（Heinrich Adolf Schrader）的植物学课程，他是叔本华第三、第四学期图书馆借书特殊待遇的担保人，叔本华同时也寄宿在他家里。第二、第三学期叔本华选修了约翰·多比亚斯·迈尔（Johann Tobias Mayer）的物理学和天体物理学及气象学这两门课。他还利用时间，去听过解剖学家兼外科医生康拉德·约翰·马丁·朗恩贝克（Conrad Johann Martin Langenbeck）的一些讲座，以及由阿道夫·弗里德里希·亨普尔（Adolf Friedrich Hempel）开设的关于"人体解剖"的讲座。

叔本华在最后一个学期选修了由统计学方面的传奇教授奥古斯丁·斐迪南特·吕德尔（August Ferdinand Lueder）开设的"帝国的历史"。

但在哥廷根大学真正改变叔本华人生轨迹的是舒尔策。叔本华最初的几门哲学课就是跟着舒尔策学习的，其中包括形而上学、心理学和逻辑学。舒尔策唤醒他的哲学热望，这是决定性的影响。叔本华除了一字不漏地记录舒尔策的讲授之外,还会在笔记中插入自己的观点和想法。在这些课程的启发下,叔本华不仅阅读舒尔策本人的著作,而且开始阅读康德。舒尔策对康德的批判,他所信奉的新休谟主义怀疑论并未被叔本华接受,但聆听舒尔策的讲课,标志着叔本华天性中被压抑的哲学兴趣真正地被唤醒。如果说约翰娜帮助他放弃了父亲希望他经商的规划,那么舒尔策则帮助他拒绝了母亲希望他为谋生而学习医学的愿望。1811年4月复活节假期,叔本华返回魏玛。他通过老诗人维兰德向母亲传达了转向哲学志业的愿望,并且得到了默许。

叔本华在哥廷根大学不缺少朋友,社交生活也并非后来许多人想象的那么单调,但无可否认的是,他把主要的精力放在学业上。他博览群书,研读柏拉图和康德的学说,按时听讲座。他的房间里放着苏格拉底的半身塑像和歌德的画像,陪伴他的是他的卷毛狗阿特玛。在哥廷根大学,他养成了终身的生活习惯和节奏:清晨从事高强度的脑力劳动,接着吹奏笛子,下午他与阿特玛一起长距离地散步,晚上则去剧院看戏或参加聚会。

但无论如何,这是一所以自然科学见长的学校,从医学转向哲学,迫使叔本华不得不离开哥廷根,他转学到了新建立的柏林大学。

叔本华之前至少到过柏林两次。与父母漫游欧洲出发时在这座城市待了十天,柏林美丽的建筑给他留下了良好的印象。第二次是在漫游结束时,一家人在这里短暂逗留。1811年,第三次,叔本华带着他的雪茄、手枪、笛子和数量庞大的藏书,还有他的人生伴侣卷毛狗来到柏林。吸引叔本华的,不再是柏林的美丽建筑,而是柏林大学济济一堂的哲学名家。他曾自豪地列举了这些教授的名单:沃尔夫、施莱尔马赫、埃尔曼、利希滕施泰因、克拉普洛特、费舍尔、博德、魏斯、霍克尔和罗森塔特,更重要的这里有他的哲学导师、朋友、论敌费希特,而此后更有导致自己在获取教职过程中遭遇滑铁卢的哲学家黑格尔。

但确切地说,叔本华是冲着费希特的哲学去的,在他到达柏林前不久,费希特已被任命为柏林大学校长。

叔本华两次选修过费希特的知识学课程。费希特并不是一位循规蹈矩的教授,他不会按照一般的程序照本宣科,他每一次讲授他的知识学都会有增删和大量的临场发挥,他建议他的学生不要在他讲课的时候一字不漏地记录内容,恰当的做法应当是匆匆记录一些短句以帮助记忆,讲座之后,再根据讲座内容进行深入思考,将其整理成一个在某种程度上符合他个人特性的有机整体。正因如此,他的《全部知识学的基础》一书才会有令人惊讶的众多版本。叔本华按照费希特的建议全神贯注地听课和整理笔记。在叔本华的印象中,费希特讲课语速不快,解释清晰,但内容重复啰唆,他会用不同的话表述同样的观点,这种做法容易让人分神。由于叔本华在舒尔策的建议下已经深入地阅读和思考过柏拉图和康德的著作,因此,对于费希特渊源于康德的知识学讲述有着更多的反思。他会同意费希特的某些观点,也会深入地反驳他的认识。比如在对康德"物自体"①的理解上,叔本华的认识与费希特保持高度的一致;再比如,在讲座中,费希特谈到灵光乍现的现象,能使人超越普通感觉,达到超越的认识和理解境界,叔本华特别认同。但这样的认同并没有持续更长的时间。首先是因为费希特转弯抹角的病态说话方式使得叔本华感觉极不舒服,他因此觉得费希特关于知识的学说全无知识,知识的学说不过是知识的空白。再后来神圣的费希特已经变成了他鄙视和轻蔑的对象了。但叔本华并没有就此抛弃费希特,相反,他大量阅读由人记录下来的费希特在耶拿的讲课笔记以及他的《全部知识学的基础》等著作。叔本华的目的在于真正把握费希特最为著名和最具影响力的知识学思想,并以此为基础展开批评,因为,就现存的资料而言,我们不难发现叔本华并非利用费希特的思想观点来建

---

① Ding-an-sich,thing-in-itself,石冲白译为"自在之物",参阅[德]叔本华:《作为意志和表象的世界》,石冲白译,北京:商务印书馆,1982年11月版(2017.11重印),第28页;刘大悲译为"物自体",参阅[德]叔本华:《作为意志和表象的世界》,刘大悲译,哈尔滨:哈尔滨出版社,2016年版,第4页。

构自己的哲学。恰恰相反,在其主要著作中,费希特代表着的是一种完全主观的唯心主义哲学。与其说他在对费希特做认真的评论,不如说其中的绝大部分不过是人身攻击,在他不顾体面辱骂的哲学家中,除了"黑兽"(bête noire)黑格尔,恐怕非费希特莫属了。

费希特像康德一样,试图阐明所有经验的必要条件,为批判哲学确立一种确定无疑和稳固不变的基础。他把自己的哲学称为知识学,在《全部知识学的基础》中提出知识学从自我出发,并首先阐明了知识学的三条基本原理:第一,绝对无条件的原理;第二,内容上有条件的原理;第三,形式上有条件的原理。这三条原理既是自我的三步本原行动的概括,又是知识学自身赖以建立起来的方法,有助于激发出对于绝对"自我"与那些有限的"自我"或具体的人们之间的区分[①]。叔本华在他的博士论文《充足理由律的四重根》以及《作为意志和表象的世界》中将主体与客体的相互关系认定为最基本的认识特性,并论述了知识学理论性的一面。在其中,他对唯物主义与现实主义立场的反感和批判,使得他不情愿地采纳了费希特的观点,但他从来没有忘记对费希特唯心主义试图从主体推演出所有事物,试图思考没有客体的主体,最终

[①] [德]费希特:《全部知识学的基础》,王玖兴译,北京:商务印书馆,1986年版,第6—40页。

与现实主义同流合污的批判、谴责。叔本华相信自己通过用经验或表象作为其哲学的开端,从而避开了现实主义和费希特主观唯心论所具有的诸多难题。他的哲学因此与费希特的哲学和现实主义的哲学完全相反。

费希特知识学的实践哲学即伦理学也是叔本华抨击的对象。他觉得费希特的实践哲学不过是康德哲学的一幅漫画:一幅以某些令人生厌的方式歪曲了那种具有原创性见解的漫画,把康德道德哲学中的根本缺陷作为真理表彰出来。费希特将绝对命令变成了一种专制命令,将其发展为"道德的宿命,一种深不可测的必然性,要求人类严格按照某些格律行事",从而制造出一套滑稽剧一般的"道德宿命论体系"。正因如此,叔本华称费希特是康德的"既俗且蠢的小丑","因为他的问题本不在真理而在耸人听闻以促进他个人的目的。"[1]

叔本华在柏林大学对哲学孜孜以求地学习思考的时候,并没有放弃对自然科学的关注。他选听了动物学教授马丁·海因利希·利希滕施泰因(Martin Heinrich Lichtenstein)关于鸟类学、两栖动物学、鱼类学与冷血动物等方面的课程。利希滕施泰因后来曾鼓励叔本华在柏林大学执教,叔本华对其非常信任,曾将自己的财产清单交托给他保管,可惜的是,

---

[1] [德]叔本华:《作为意志和表象的世界》,石冲白译,北京:商务印书馆,1982年11月版(2017.11重印),第591页。

1857年这位被叔本华信任的老师早于叔本华三年去世。叔本华还饶有兴趣地听过马丁·海因利希·克拉普洛特(Martin Heinrich Klaproth)的实验化学讲座。克拉普洛特是锆、铀、钛和铈等四种化学元素的发现者。他还听了保罗·厄尔曼(Paul Erman)的电磁学讲座,厄尔曼是柏林大学的编外讲师,克拉普洛特的父亲。1812年夏季学期,叔本华听了克里斯蒂安·萨穆埃尔·魏斯(Christian Samuel Weiß)的"地球构造学"课程,魏斯在晶体学方面做出过开创性贡献。在柏林大学的最后一个学期,即1812—1813年冬,他听了约翰·埃勒特·博德(Johann Ehlert Bode)的天文学讲座、恩斯特·戈特弗里特·费歇尔(Ernst Gottfried Fischer)的物理学讲座。为加强自己对自然科学学习的方式,他去听了约翰·霍克尔(Johann Horkel)普通生理学课程。最后,他还听了弗里德里希·克里斯蒂安·罗森塔尔(Friedrich Christian Rosenthal)的人脑解剖学讲座。罗森塔尔的课使叔本华认识到,哲学乃是大脑的产物,像大脑一样,它应该提供一种关于由所有经验构成整体的一致的解释。

为了弥补费希特课程所带来的与日俱增的厌烦,叔本华去选修了其他文科课程。他选修了克里斯蒂安·弗里德里希·吕斯(Christian Friedrich Rühs)的斯堪的纳维亚诗歌讲座;间或去听了古典语文学家奥古斯特·伯克(August Boeck)柏拉图研究课程;还选修了语文学家弗里德里希·奥古斯特·沃尔夫(Friedrich August Wolf)"希腊哲学史""阿里斯托芬的《云》研究"和"贺拉斯的讽刺诗研究",令人惊讶的是,叔本华最后一个学期最后一门课的时间也给了沃尔夫的"古希腊的古迹和古物"。这也许是因为沃尔夫是歌德的熟人,当然,还因为沃尔夫讲座知识丰富、生动有趣。

在柏林大学求学时能与费希特盛名媲美的老师恐怕还属早期浪漫派诗人、新教神学家弗里德里希·丹尼尔·恩斯特·施莱尔马赫(Friedrich Daniel Ernst Schleiermacher),他被称作"柏拉图研究的奠基者"。叔本华听过他的"基督教时期哲学史"讲座。他的笔记表明,走近施莱尔马赫完全是出于一种哲学的好斗情绪,因为从哥廷根求学时,叔本华就一直钻研柏拉图学说,这几乎成为他此后哲学活动的源泉,他对柏拉图的理解已经远远超出当时一般学者的高度和深度。施莱尔马赫的诸多观点,比如宣称宗教和哲学都共同认为有上帝存在,自然科学和伦理学诸原则的巅峰表现在于具体事物,而先验哲学则终结于对上帝的认知,无人能不信教而做哲学家,等等。对于这些观点,叔本华都进行了针锋相对的反驳。然而在公开场合,直至1834年施莱尔马赫去世,叔本华却似乎有意掩饰自己对施莱尔马赫的批判。他曾经将自己的博士论文抄送一份给施莱尔马赫这位从前的老师,在《作为意志和表象的世界》第一版中,他还援引施莱尔马赫的话来支持自己的观点。施莱尔马赫逝世两年后以及在

1844年《作为意志和表象的世界》再版时,叔本华再次声称自己的老师具有某种洞见。但根本上,在叔本华心目中,施莱尔马赫与费希特和黑格尔是一样的角色,是错误地提供时代思想和哲学的伟人。

突如其来的战争打断了叔本华在柏林大学安静而激情洋溢的求学时光。1812年春,叔本华正在准备撰写博士论文,拿破仑从俄国战争中败退而归的三万大军路过柏林。眼见"马上英雄"江河日下,普鲁士借机加入英、俄、瑞典和奥地利阵营对法宣战。1813年吕岑战役之后,柏林面临被攻击的态势。柏林大学的许多师生都拿起武器,准备战斗,沃尔夫、费希特、施莱尔马赫更是跃跃欲试,但并未激发起叔本华应有的爱国主义现实行动。他匆忙逃离柏林,原因正如他自己所说"我极端害怕自己会被强征入伍"。当然,另外一个原因也是不容忽视的,那就是,此时他满脑子想着他的博士论文。

叔本华逃离柏林之后的目的地选择在德累斯顿,但旅途并不如他想象的那么一帆风顺。他在途中遭遇了法国军队,被迫充当翻译。当他到达德累斯顿时因为害怕法军再次来犯而惶恐不已。他焦虑不安地赶到魏玛寻求庇护,但母亲那里的情况并未令他稍稍安宁,原因不是来自战争,而是当时一个名叫格奥尔格·弗里德里希·康拉德·路德维希·缪勒(Georg Friedrich Conrad Ludwig Müller)的枢密档案顾问。1813年5月叔本华到达母亲公寓时,这个被简称为格斯滕贝克的男人正跟约翰娜关系暧昧地住在一起,当时歌德的妻子克里斯蒂安娜甚至猜测他俩极有可能结婚。叔本华觉得母亲背叛了父亲,尤其看着格斯滕贝克对家里用人发号施令,看着他同约翰娜交流写作,一起参加各类社交活动,共同进餐,叔本华内心根本无法平静下来,他的哲学沉思活动被摧毁得一塌糊涂。在魏玛待了不到一个月,他决定远离麻烦。他向南逃亡到一座叫鲁多尔席塔特的小村庄,在一家小客栈住下来,从6月中旬到9月下旬伏案写作自己的博士论文。

叔本华是在1813年9月底完成题为《充足理由律的四重根》的博士论文的。这是一篇为柏林大学写的学位论文,但叔本华却决定从耶拿大学获得博士文凭。他对自己的论文充满了信心,他相信耶拿大学不会拒绝这篇论文。在呈交论文之前,他已经让人印刷了五百本。他通过艾希施泰特向耶拿大学提交了十个腓特烈金币的毕业费,还随论文给艾希施泰特寄送了一份拉丁文信件,解释自己何以用德文写作论文。因为,按照当时保留的传统,学位论文最为光彩的语言应该是拉丁文。由于耶拿大学像其他德国大学一样因为战争饱受办学资金短缺之苦,再加上约翰娜是歌德的密友,而耶拿大学是由歌德监管的,学位申请进程出人意料地顺利。9月26日艾希施泰特让教授们传阅了一封叔本华求学经历和努力向学的信件;10月2日,在叔本华本人缺席的情况下被授予学位,还获得了特优论文的荣誉。三天之内就拿到了自己的博士学位,叔本华的高兴溢于言表,他用拉丁文在客栈房间的窗格上刻下了这样一句话:"1813年,阿图尔·叔本华在此房间中度过了绝大部分时光,此房因其所能看到的风景而值得称道。"[1]许多年之后,成群结队来到鲁多尔席塔特参观的人们,对这一行笔记投注着敬慕不已的目光。

三、失败的职业和哲学

1813年10月16日至18日,普鲁士、俄国与奥地利联军开始进攻拿破仑的军队,并以拿破仑失败告终。被击溃的士兵纷纷进入鲁多尔席塔特附近,叔本华趁机离开客栈,回到魏玛。他先是住在一个小酒馆,经不住母亲的哀求,回到魏玛的家中。但他对格斯滕贝克的憎恨却永远无法消除,因为他有可能取代父亲的位置。同时,格斯滕贝克写作庸俗的文字、对流行的民族主义感伤情绪的附和、对德国爱国主义者勇敢的赞颂、对入侵法国的鼓吹,都是叔本华无法忍受的,他把他称作一头无毛的两足动物。两人之间的冲突不可避免。一直跟着母亲生活的阿黛勒虽然也赞成哥哥的意见,但此时年方16岁的少女并不像叔本华那样怀疑母亲与格斯滕贝克

---

[1] David E. Cartwright. *Schopenhauer: A Biography*. New York: Cambridge University Press, 2010. p.200.

的私密关系,这使得兄妹之间不免存在隔膜,这种隔膜甚至在此后延续了二十四年之久,直到约翰娜1838年去世之后才弥合。实际上,格斯滕贝克除了对叔本华造成一生都无法原谅的伤害,对阿黛勒的伤害也不浅。阿黛勒无论从外貌上还是才华上都遗传了叔本华家族的典型基因。她有着突出的蓝眼睛、宽大的鼻子,薄薄的嘴唇不时露出里面的龅牙,大而圆的脑袋上是难以梳理平整的淡褐色头发;她还遗传了父亲多愁善感和抑郁的性格。她聪明且富于艺术天赋,虽然没有受过正式的教育,但懂得英语、法语和意大利语;她画画、弹琴,技艺无不令人赞叹;她写过篇幅短小的故事与诗歌,出版了约翰娜的回忆录,创作了几部中篇小说,并写作过歌剧剧本。歌德对她的表演与背诵技巧以及文学鉴赏力评价甚高。正是因为这样,她有过许多志趣相投的朋友,但从未成为男性心目中结婚的对象。她终身未婚。魅力十足、深谙风月的格斯滕贝克无疑挑逗过阿黛勒,尽管阿黛勒意识到这是情场老手同年轻女子所玩的惯用把戏,但阿黛勒有可能迷上了他。母亲约翰娜甚至建议阿黛勒嫁给格斯滕贝克。但这种暧昧的关系并未带来爱情的美好感受,恰恰相反,它所赋予的更多是情感矛盾。1824年,当格斯滕贝克与女伯爵阿梅利亚·黑斯勒(Ameilie Häseler)订婚之际,阿黛勒大病一场。不过这也是一种解脱,阿黛勒觉得自己自由了,同时,她对格斯滕贝克从矛盾摇摆的感情中发展为极端反感敌对的态度。后来,在母女俩因为投资失败濒临破产之际,格斯滕贝克提出给予资金援助,阿黛勒也未原谅过他。有资料证明,她还曾在1837年打算起诉格斯滕贝克,试图追回他向其母亲所借的钱款。

妹妹的这些人生情感的纠结甚至不幸,叔本华从未正儿八经地关心过,尤其是1813年的11月份,他怀着自己的博士论文能够获得热烈反响的期望出现在魏玛,但荣耀并未如期而至。与叔本华的失败相比,约翰娜却在写作上大获成功,她的1803—1805年两卷本《旅行回忆录》分别于1813、1814年出版,不仅一般读者的美誉联翩而至,就连母子俩共同的朋友也给出了高度的评价。这使得约翰娜信心满满,对儿子的批评也不免直接而尖刻。母子俩之间原本就有的思想对立愈发明显。约翰娜嘲讽《充足理由律的四重根》是为药剂师写的东西,而叔本华则反唇相讥,即便如此,他的书也还有人读,而她的书,人们都不知道为何物。这种家庭内部的思想交锋,影响到了日常生活的和谐,参与其中的有叔本华、叔本华的朋友约瑟夫·甘斯(Josef Gans)、约翰娜、阿黛勒和格斯滕贝克。冲突长达四个月之久。母子俩已到了无法正常交流的地步,同住一屋,却靠仆人递送信件来传达意见。1814年5月16日母子俩爆发了一场空前激烈的争执,最后,焦虑不堪的叔本华怒气冲冲地跑出了母亲的房间,并且重重地关上了房门。约翰娜采取果断行动,17日清晨,她带着阿黛勒逃也似的去往耶拿。

但在与母亲冲突不断的日子里,叔本华并非毫无收获,期间发生了两件影响到他毕生思想和生活的大事,即认识歌德和赫尔德的友人兼学生、东方学家迈尔(Friedrich Majer),前者成为他此后仰慕和追随的偶像,后者则使他步入"古印度"的世界,从而窥见到意志的真正出路。

叔本华还在做商业学徒时便急切地渴望能够见到歌德。1808年,他第一次到魏玛探望母亲和妹妹,目的便是能够在母亲的茶会上静静地瞻仰这位伟人。1810年,他在研究康德时写下一段笔记,把歌德与康德相提并论:"如果歌德不是和康德同时被送到这个世界上来,这样说吧,为了在时代精神上与他抗衡的话,那么康德就会像一场噩梦一样困扰着许多有志之士,并使他们受到极大的痛苦的压迫。但现在,这两者从相反的方向产生了无限有益的影响,并可能将德国精神提升到一个甚至超过古代精神的高度。"[1]在对康德肯定的同时,叔本华暗示,歌德催生了沉思冥想,从而赋予康德的理性以优越意识的希望。起初,作为约翰娜茶会的旁观者,叔本华并未引起伟大的歌德的注意,但在1813年11月的一次聚会上,歌德起身离座,向他致以热烈的欢迎,祝贺他获得

---

[1] David E. Cartwrigh. *Schopenhauer: A Biography*. New York: Cambridge University Press, 2010. p.240.

博士学位,感谢他寄送的博士论文的复印本。对于歌德突然青睐叔本华的原因迄今为止有不少猜测:有的认为是八面玲珑、深受歌德欣赏的母亲约翰娜的举荐介绍;有的认为是歌德对叔本华的博士论文表现出的观点的认可,但真正的原因还在歌德自身。其时歌德已是胜景不再的名流,在当时许多人看来,他对皇室的忠诚显得庸俗;他对拿破仑和法国人也过于仰慕;他反对浪漫主义和牛顿科学的观点被认为不合时宜;他的剧作上演频率大大减少;尤其是他个人引以为傲的两卷本皇皇巨著《色彩理论》(*Zur Farbenlehre*,1810)几乎为大众所漠视——这可是他二十多年思考的结晶。歌德渴望获得一位帮助他推广色彩理论的盟友。叔本华,这位受过良好科学训练的年轻博士,似乎是担此大任的不二人选。也许歌德早就从《充足理由律的四重根》中读出了叔本华与自己在科学方面的诸多一致见解,尽管其实他并未真正看清叔本华哲学的实质,也未能觉察这个年轻人那似乎亘古不变的固执己见,但这些都不要紧,要紧的是,叔本华后来确实研究色彩,并出版了论色彩的著作,而且终其一生在推广歌德的色彩理论,虽然最后推荐的是他自己的意志哲学。

从 1813 年 11 月到 1814 年 4 月 3 日,叔本华与歌德至少见过七次面。叔本华非常珍视这些会面,他在不同的场合不断地复述他与歌德的谈话内容,尤其是他们对色彩研究的共同趣味。叔本华 1814 年 5 月下旬移居德累斯顿,他与歌德之间关系并未中断,书信往来频繁。大约在1815年的7月份,叔本华把自己的《论视觉与色彩》手稿寄给了歌德。当然,作为急需得到歌德这样的大师承认和推荐的年轻学者,叔本华对这一成果给予了厚望。双方就这一著作以及色彩研究的往来信件,足以证明期间虽然有过不小的波折,但友谊发展良好。《论视觉与色彩》出版于1816年5月。该书出版之后,叔本华立刻给歌德寄送了一本。但事实证明歌德与叔本华的色彩理论有着巨大的差异,这使得仅仅简单浏览过叔本华著作的歌德十分不快,同时往来书信中,叔本华傲气十足的话语方式也让歌德很不舒服。尽管如此,他们还是保持了真正的师生情谊。叔本华一生都在表达着对歌德的崇敬,为歌德的色彩理论遭到的冷遇打抱不平。1849年法兰克福庆祝歌德诞辰百年,在庆祝签名簿上,叔本华写了满满两页的留言,该记录显示,他强烈谴责了歌德的色彩理论所遭遇的命运,认为这样表面轰轰烈烈的纪念活动并不能弥补已经造成的不公正,他建议负责学术的大臣应当推动学术界对歌德色彩理论的探究与评价,认为这才是歌德不再遭受冷遇的最可靠方法。[①]

与迈尔交往的时间锁定在1813—1814年间。迈尔是赫尔德圈子中的人。1798年赫尔德曾为迈尔的一部著作写过

---

① [德]阿图尔·叔本华:《附录和补遗》(第2卷),韦启昌译,上海:上海人民出版社,2020年版,第219—222页。

序言,给予迈尔高度评价。迈尔像赫尔德一样热衷于发现所有宗教的源泉、原始典籍。在迈尔看来,原初宗教出现于印度,其文本则是《奥义书》。也许迈尔向叔本华推荐过与此相关的书籍,总之,现有资料显示,叔本华在 1814 年 3 月 26 日从魏玛当地的图书馆借阅了亚伯拉罕·希亚森特·安格蒂耶·杜柏农的《真正的奥秘》(*Oupnek'hat*)和波利尔的《印度人的神话》(*Mythologie des Indous*)这两本书,归还日期分别是 5 月 5 日和 6 月 3 日,这足以证明叔本华花了不少的时间细细地研读过。叔本华也经常阅读迈尔作为主要撰稿人的《亚洲杂志》,而且摘录迈尔的文章。可以说,迈尔通过推荐叔本华注意自己在《亚洲杂志》上发表的文章,引导叔本华进入"古印度"世界,尤其是《奥义书》的世界。事实上,叔本华发自内心地珍视这些来自古印度的智慧,认为它们对其哲学诞生具有不可或缺的意义,在《作为意志和表象世界》第一版序言中,他把《奥义书》与柏拉图和康德思想等量齐观,视作其理论来源三个基座之一:"……组成《邬波尼煞昙》(《奥义书》的音译——伍按)的每一个别的、摘出的词句,都可以作为从我所要传达的思想中所引申出来的结论看;可是绝不能反过来说,在那儿已经可以找到我这里的思想。"[①]叔本华

---

① [德]叔本华:《作为意志和表象的世界》,石冲白译,北京:商务印书馆,1982 年 11 月版(2017.11 重印),第 6 页。

对于《奥义书》的立场，表明他对于东方思想的一般立场，也就是说，他的哲学思想受其启发，但独立于这些原始思想。他似乎在暗示，一个熟悉《奥义书》的读者，会在他的哲学中发现类似的观点，这使得他的哲学看起来不会过分怪异，但他的思想并非《奥义书》或古印度思想的复制，他有自己独立的框架和系统观点。叔本华买下《奥义书》从梵文译出的拉丁文译本，一次又一次地阅读，一次又一次地评注。终其一生，叔本华都在如饥似渴地阅读宏富的印度学与汉学资料，但《奥义书》所代表的佛教精神的地位无法撼动。在他生命的最后十年，他将自己称为一名佛教徒。他购买了一尊青铜佛像，让人镀上金，摆放在法兰克福公寓显眼的位置，以便每一位到访者都能目睹它。他说，佛陀塑像在他心中等同于十字架上的耶稣像。通过迈尔结识印度佛教，叔本华在欧洲多难而伟大的十九世纪哲学场域中达至真正的涅槃境界。

从1814年5月底到1818年9月底叔本华驻留德累斯顿五十二个月，时间似乎并不太长，但它却成为他哲学思想的永久家园。在这里，他完成了《论视觉与色彩》，他一生的杰作《作为意志和表象的世界》也诞生于此地。他觉得自己在德累斯顿有一种幸福自在的感觉：几乎没有人对他怀有疑心，人们与他不熟悉却给予足够的信任。他依然故我地像一个不谙世事的青年那样挖苦、抨击那些在他看来无法容忍的市侩、半吊子作者，但当地真正的博学之士却一一跟他建立了友好的关系,这其中包括约翰·戈特洛普·匡特(Johann Gottlob Quandt)、弗里德里希·奥古斯特·舒尔策(Friedrich August Schulze)、路德维希·希格斯蒙特·鲁尔(Ludwig Sigismund Ruhl)。

匡特是地产商和艺术批评家,比叔本华年长一岁,他们一生保持着一种松散的联系。匡特并不欣赏叔本华的哲学,他甚至属于极端的黑格尔信徒。尽管如此,叔本华能不断原谅他的恶行,并信任地委托他处理私人事务,这与妹妹阿黛勒不无关系。1815年夏天,匡特在卡尔巴斯结识约翰娜和阿黛勒,并且成为后者的知己和友人。也许阿黛勒鼓励匡特与蛰居德累斯顿的哥哥取得联系。在德累斯顿,匡特曾努力充当叔本华与约翰娜之间的和事佬,尽管结果并不理想,但匡特的关心以及与阿黛勒之间的友谊,仍然使得叔本华享受着亲情和友情。

同舒尔策的交往据说是因为他帮助叔本华摆脱了一桩风流韵事,从而赢得了这位年岁相差甚大的、性格暴躁的年轻学者的欢心。舒尔策在《回忆录》中承认同叔本华的相识是生命中最令人喜悦的经历之一。

比叔本华年轻六岁的鲁尔是一位画家兼小说家,他们在哥廷根时即已熟识,在德累斯顿再次偶遇,从此成为这座城市中争吵不断却须臾难离的伙伴。鲁尔为叔本华画过一幅肖像,画面突出了叔本华那苏格拉底般的鼻子,犀利而清澈的蓝色双眸,有力的三角形下巴和饱满高耸的颧骨。这些特征表明,在鲁尔的心中,叔本华有着至高无上的地位。

1814—1816叔本华暂住在大迈森巷35号,哲学家卡尔·克里斯蒂安·弗里德里希·克劳泽(Karl Christian Friedrich Krause)有一段时间恰好也赁居于此。克劳泽对神秘主义和东方思想情有独钟,这一点与叔本华趣味相投。他们的交流自然成为每日的功课,即便叔本华前往俄士特拉大道897号之后,他们仍然定期在图书馆会面,互换书籍阅读。克劳泽主张"万有在神论"(Panentheismus),内含着一神论与泛神论观念。他认为,宇宙万物存在于上帝之中,而上帝超越我们所设想的宇宙之上。克劳泽特别强调将欧洲思想和艺术与印度思想和艺术统合为一体,这一点在叔本华的主要著作中均能找到共鸣。

在德累斯顿五十二个月的时日中,与友朋们的交往恰如叔本华一生孤独的岁月一样,不过是寂寞生活的表面装饰,丰富的内心哲学生活才是主角。他一到德累斯顿便研读了康德的《自然科学的形而上学基础》,而《纯粹理性批评》更是枕边书。期间他写作了一篇"反对康德"的文章,后来成为《作为意志和表象的世界》的附录部分。1816年叔本华重新阅读、思考约翰·洛克的《人类理解论》,梳理康德与洛克之间的联系,构建自己哲学的路径和体系。为此,他还特别费心地阅读了亚里士多德、柏拉图的著作,对柏拉图对话中的

《蒂迈欧篇》《斐德罗篇》《高尔吉亚篇》《克拉底鲁篇》《美诺篇》用力更勤。在坚持阅读《亚洲研究》杂志的间隙,叔本华从头至尾研读了《圣经新约》。

叔本华在德累斯顿最大的收获当然是完成了主要著作《作为意志和表象的世界》。在男爵毕登菲尔德的介绍下,叔本华与著名的出版商勃洛克豪斯取得了联系,那时他正在准备出版约翰娜的《英格兰与苏格兰旅行记》。也许是男爵热情洋溢的推荐起了作用,也许是约翰娜作品的畅销使得勃洛克豪斯对其儿子的作品充满了期待,也许是叔本华信中对自己哲学信心满满的评价打动了勃洛克豪斯,总之,1818年7月11日,叔本华给出版商寄出了《作为意志和表象的世界》手稿。在神经质般的焦虑等待中,1818年12月12日,正在意大利享受假期的叔本华接到了勃洛克豪斯通过匡特转送的十本样书。当然,正如我们所知道的,叔本华除了收到样书之外,还收获了高达四十达克特的稿酬,然而出版商勃洛克豪斯在1823年去世时都未能从此书上挣得分毫利润,他始终相信,自己印刷的是一堆废纸。当叔本华1828年为出版该书第二版事宜接洽勃洛克豪斯的两个儿子弗里德里希和海因利希的时候,他被告知,他们仍然存有第一版七百五十本当中的一百五十本,而这是那些书当中的多数被当作废品卖掉之后的库存数目。世俗人生成功的光辉尚未照临叔本华那天才的额头。

1818年9月23日叔本华离开德累斯顿前往意大利。人们一般的看法,去往意大利是叔本华长久工作之后的休憩,他渴望踏上意大利优雅的大地,渴望去欣赏但丁笔下"和声回荡"的国度;人们也认为,这一趟出行是叔本华对周围喋喋不休的反对声的逃避,因为那时候针对他已发表、出版的文字的批评日渐增多,实际上,即将出版的《作为意志和表象的世界》除了歌德和妹妹阿黛勒给出了叔本华渴望的肯定外,学界相当冷淡,连贬低的声音似乎也格外吝啬。但这不过是对这一趟旅行的高尚其志的归因,其实还有一个原因,他在逃离一种尴尬的处境:德累斯顿一户人家的女仆在1819年春生下了他的女儿。他告诉自己的妹妹,这一桩风流韵事不过是身体需要的后果,令他始料未及的是,结果来得如此之快。叔本华承认自己是孩子的父亲,并愿意为此提供所有的费用。他希望妹妹帮助他处理此事,但阿黛勒还没来得及多费周章,夏天结束之前,叔本华的女儿死了,死因不明。此后,叔本华再未提起过这个夭折的孩子和她的母亲。

在意大利威尼斯逗留期间,叔本华曾有机会拜会客居于此的拜伦勋爵,他在启程之前请求歌德写过一些介绍信,以便能在旅途中结识一些"有趣或重要"的人物,其中包括给拜伦勋爵的信。但当拜伦在海滨浴场策马从他身边飞驰而过时,他并未请求结识,原因是他当时正与新的情人特蕾莎·福佳(Teresa Fuga)漫步海滩。

叔本华在意大利待了大约十一个月之久。1819年6月份在米兰他收到了妹妹的一封来信,信中传达了一个极坏的消息:但泽的A.L.穆尔的银行濒临破产。穆尔事件对叔本华一家影响巨大。约翰娜和阿黛勒全部身家都投在此处,叔本华虽然明智地只放了八千塔勒,仅占他所有财产的三分之一,但银行停付利息,并且将会损失本金的不安消息不仅让阿黛勒乱了方寸(因为当时约翰娜和阿黛勒的财务状况已是捉襟见肘),也让叔本华大吃一惊。在事情刚刚暴露时,叔本华主动提出愿意与家人共用自己的全部财产,然而正如拒绝其他人的帮助一样,约翰娜也拒绝了儿子的资助。不过这一桩世俗生活中的重大事件,让我们有机会看到叔本华作为哲学家的缜密思考,以及因此而表现出来令人怀疑的极端冷漠和自私,智慧过人的罗素毫不客气地把这种抱怨写入了《西方哲学史》[1]。这些行为导致的结果是与自己的亲人,尤其是与母亲的误解越来越多,相互之间的距离越来越大。

其实,叔本华生活极其简单,住所没有华丽的陈设,一直到55岁,他都没有自己的家具。他屋子里的装饰品就是几幅歌德、康德、莎士比亚、笛卡尔、克劳帝[2]的画像,外加那尊

---

[1] [英]勃特兰·罗素:《西方哲学史》(下),解志伟,侯坤杰译,北京:应急管理出版社,2019年版,第237页。
[2] 克劳帝(Matthias Claudius,1740—1815),德国诗人。

镀金佛像和他喜欢的无数狗的雕像。[①] 按照叔本华的意思,母亲不应该奢华度日,而应该像他这样量入为出。但就这一事件而言,叔本华甚至有一点幸灾乐祸的意思,因为母亲没有听从他分散投资的建议,而是把父亲留下的两份遗产全部放在穆尔的银行。随着事件进一步的发展,其中的应对和处理方式也未取得一致意见。穆尔为了避免陷入绝对破产境地,督促债主们接受资金30%清偿的建议,无论约翰娜还是阿黛勒几乎不假思虑地就接受了穆尔的条件,阿黛勒还恳请兄长像她们一样行动。但叔本华头脑清醒,他希望母亲和妹妹同他一道坚持下去,直至穆尔重新具备偿还能力为止。叔本华这样做是有充分理由的。他用哲学家的方式,仔细核算过穆尔的真实资产,并洞察到穆尔试图收割债主们的私心,他质疑穆尔的诚信。然而,母女俩不愿意冒险,他们拒绝了叔本华的建议。1820年5月之前,约翰娜与阿黛勒和穆尔达成和解,她们存在银行的二万二千塔勒的资金以得到一笔三百塔勒的年金和四幅画作为条件得以清偿。当叔本华得到这一消息的时候,他除了不断地写信埋怨妹妹的轻信与无知之外,只能独自坚持自己的主张。他不仅要求穆尔还清全部款项,还要附加上利息。叔本华的强硬策略产生了效果,在

[①] 陈铨:《从叔本华到尼采——陈铨德国哲学文集》,西安:陕西人民教育出版社,2016年版,第55页。

穆尔银行危机两年零四个月之后,叔本华从穆尔那里分三次拿到了总额为九千四百塔勒的付款,他不仅拿回了自己的本金,还获得了全部利息。这一事件清楚地表明了叔本华的商人意识已经深入骨髓,他曾经那么讨厌的商业学徒生涯在关键时刻拯救了他的生活。然而对他而言,这不是商业能力的胜利,而是哲学家的胜利,正如1821年5月1日他在给穆尔的信中所宣称的那样:"这表明如果你不自觉自愿地付我钱的话,我将起诉到法院,法院会让您还钱的。您瞧,做一个哲学家,并不意味着就会成为傻瓜。"①

但穆尔危机的解除远非叔本华真正的胜利。相反,一方面使他意识到自己在资金方面多么脆弱,另一方面也使他由此及彼考虑自己的哲学危机。他觉察到,在处理穆尔事件的时候,他运用自己的哲学才智解除的仅仅是私人危机,但哲学的任务绝非自私自利地增进个人幸福,而是为了人类整体的利益。他相信写作的伟力,相信哲学家通过写作与人类说话,然而,他一生的代表作《作为意志和表象的世界》已经出版,像穆尔危机一样,他的思想的表述遭到了人类的沉默的抵制。他觉得自己需要做点事情,将自己的才智的光辉直接投射在人们的身上,他认为一个学术性的职位能让他办到这

---

① David E. Cartwright. *Schopenhauer: A Biography*. New York: Cambridge University Press, 2010. p.356.

一点。叔本华向海德堡大学、哥廷根大学以及柏林大学提出了教职的申请,并请朋友和以前的老师推荐及从中斡旋。基于种种考虑,他最终选择了柏林大学,在这里,他遭遇了自己一生的哲学死敌、"黑兽"——黑格尔。

叔本华带着自己的傲慢来到柏林大学。他在致当时柏林大学哲学系系主任菲利普·奥古斯特·伯克的信中提出了两项要求:第一,他要求将他的讲座排列在下一学期的课程目录中;第二,他想要在黑格尔讲授其主要课程的同一时段授课。柏林大学哲学系并未因为叔本华的傲慢无礼而拒绝他,相反,他的两个要求都得到了妥当的安排。

但叔本华希望通过讲台实现哲学传道的计划彻底落空了。当时的黑格尔已经是德国哲学界熠熠生辉的学术明星,稳稳地把持着哲学现代化的话语霸权。叔本华与他的第一次交锋发生在 1820 年 3 月 13 日下午——那时黑格尔带着需要他靠哲学养活的一大家子来到柏林大学刚刚两年,离他当选柏林大学校长还有九年,离他遽然离世还有十一年。这是叔本华就职柏林大学的试讲活动,全体哲学系教授都在场。在口试环节,黑格尔问道:"当一匹马卧倒在大街上时,其动机究竟何在?"叔本华答道:"是那深处其下、与这一疲劳的马容易出现的倾向息息相关的大地。如果它所站的地方濒临深渊,那它就不会卧倒在地了。"黑格尔质疑道:"您认为动物的机能类似于动机?因此说,心脏的跳动、血液的循环等都是诸多动机的结果?"叔本华反驳道:"这些不叫动物的机能。在生理学中,人们将它们称为动物身体的有意识活动。"要不是当时在场的叔本华的友人、生理学家利希滕施泰因申明叔本华动物机能的术语使用准确的话,也许这一对宿敌的辩论还会持续下去。后来,叔本华告诉朋友,通过这场辩论,他看清了黑格尔对于自然科学的无知。当然,黑格尔并非真如叔本华所蔑视的那样,他也许仅仅是满怀心事地向一个哲学上的新生力量展示自己的权威。事实上,黑格尔在完全知道叔本华向伯克提出的第二个就职要求——与自己同一时间授课——的情况下,对这位"无所不知"的年轻哲学家投了入职赞成票。

后来的事实已经很清楚。尽管黑格尔的方言使许多学生听得云里雾里,但他们还是蜂拥着去听这位绝对理念代言人的课;而吐词清晰、声音动听的叔本华在整个1820年夏季学期课程班上,仅仅吸引了五个学生,即便这五个学生也没能坚持到底。叔本华以编外讲师身份宣布开设讲座的时间包括1820年至1821年冬季学期、1822年夏季学期、1821年至1822年冬季学期以及1826年至1827年冬到1831年至1832年冬的所有学期。这些关于"普通哲学"的讲座课程最后都不了了之。现在我们知道,叔本华在柏林大学既未注册过任何一门课,也从未讲完过任何一门课。意志哲学家叔本华对理念哲学家黑格尔发起的挑战在当时以完败告终。

叔本华与黑格尔之间的矛盾伴随终生。他把自己的学术失败归咎于黑格尔,他开设的课程未能吸引足够的学生也是因为黑格尔老于世故的竞争。但所有的传世文献确凿地证实,黑格尔从未将叔本华视作哲学对手和敌人。他个人从未做过任何让叔本华脱离学术道路的事情,他并未对这位编外讲师要求与自己同时讲课感到吃惊和使绊子。1820年3月18日在致哲学系主任伯克的信中,叔本华甚至承认黑格尔在试讲课上所提出的问题帮助自己扩充了四种因果关系,但这些都未改变叔本华的态度。

叔本华对黑格尔第一次公开攻击是在发表的《自然界中的意志》(1836年)中。书中他并未对黑格尔的自然哲学进行认真批判,似乎黑格尔的哲学不值得慎重考虑,他所做的只是对其进行人身攻击。叔本华表明费希特、谢林以及黑格尔诱导时代哲学离开康德的真正哲学,回到哲学独断主义的老路上,回到神学的怀抱。他认为黑格尔哲学绝对毫无意义,四分之三是现金交易,四分之一是胡思乱想,属于喋喋不休而又空洞无物的学术行话。[1] 黑格尔及其信徒们不过是为了争夺"当代哲学"的名称。[2] 叔本华坚持认为,当时哲学之

---

[1] [德]叔本华:《自然界中的意志》,任立,刘林译,北京:商务印书馆,1997年版,第23页。

[2] [德]叔本华:《自然界中的意志》,任立,刘林译,北京:商务印书馆,1997年版,第2页。

所以深陷荒凉野蛮的状况,原因全在于黑格尔:"每一个人都可以对一些曾经最伟大思想家大伤脑筋的问题随便发表意见,完全是由于无耻拙劣的黑格尔在哲学教授们的帮助下,能够将他的最怪异的想法拿到市场上兜售,并被当作三十年来德国最伟大的哲学家而造成的一种结果。现在,人人都以为可以无耻地将他们麻雀脑袋想到的东西信口胡扯一番。"①他挖苦地说道:"黑格尔哲学……也可能还是深不可测的智慧,而没有人想到会在他的书前面题上莎士比亚的话'疯子的舌头和没有头脑的废物',以及印上一条写有'用我的黑雾保护自己'字样的墨鱼作为这些书的饰徽,墨鱼在自己的四周放出一片黑雾,使人看不清它是什么东西。"②五年之后,叔本华再次对黑格尔进行了更为恶毒的指责,这一次是在《道德的基础》一文中。1839年丹麦皇家科学院发出有奖征文消息,希望应征者探讨:"道德的来源和基础可否在直接蕴含于意识(或良心)之中的德行的理念中和在对其他由此生发的道德基本概念的分析中探得,抑或可否在另一个认识根据中探得?"③叔本华满怀信心地提交了论文,但大大出乎意料

---

① [德]叔本华:《自然界中的意志》,任立,刘林译,北京:商务印书馆,1997年版,第11页。

② [德]叔本华:《自然界中的意志》,任立,刘林译,北京:商务印书馆,1997年版,第23—24页。

③ [德]叔本华:《伦理学的两个基本问题》,任立,孟庆时译,北京:商务印书馆,1996年版,第144页。

的是,这一篇唯一的应征文章,并未获得丹麦皇家科学院的嘉奖。对于以《论意志自由》一文在1839年1月26日轻松获得德隆海姆挪威皇家科学院褒奖的叔本华来说,这一结果与其说是一种打击,不如说是一种侮辱。丹麦皇家科学院给出的理由是:"不但是论文的形式不能使我们感到满意,而且实际上他也没有做出充分的证明,倒是他不得不看到,应该承认相反的意见。还有一点不得不提到,他很不恭敬地提到了当代许多杰出的哲学家,以致必然引起公正而强烈的不满。"①这里包含了三个指责:第一,论文的形式不合要求,丹麦皇家科学院认为他错误地理解了提出的问题,把主要论证的问题当作文章的附录;第二,证明不充分;第三,对当代杰出哲学家不恭敬,主要是指对费希特尤其是黑格尔不恭敬。按照叔本华自己的理解,第一个指责是主要的,其他两个只是附带,实际上,最后一个指责才是未获嘉奖的症结所在。叔本华一向心明眼亮、世事洞明,在此有意颠倒轻重,是在故意掩饰自己对黑格尔粗鲁和恶毒的攻击。果然,在1840年8月出版《伦理学的两个基本问题》一书时,他特地在论文标题下面标注:"没有获得哥本哈根丹麦皇家

---

① 《丹麦皇家科学院的评语》,见[德]叔本华:《伦理学的两个基本问题》,任立,孟庆时译,北京:商务印书馆,1996年版,第343页。

科学院褒奖(1840年1月30日)"。① 而且在全书第一版序言中对黑格尔极尽批判之能事。他认为丹麦皇家科学院以法官的身份判定黑格尔是一个杰出的哲学家十分错误,因为"谁要是阅读他最受称赞的著作,即所谓的《精神现象学》(Phaenomenologie des Geistes)的话就很可能会感到犹如身处疯人院里"②。而被视作黑格尔派圣经的《哲学百科全书》展示出来的观点和认识,连普通人的智力都不如③。在序言的结尾部分,叔本华以长长的篇幅引用十七世纪西班牙作家B.格拉西安·伊·莫拉莱斯《好评论的人》,把黑格尔比作是被庸人吹捧的巨人,最后,人们终于发现那所谓的巨人"根本就不是巨人,而是一个侏儒,他什么都不是,也不会成为什么"④。这无疑是对黑格尔和黑格尔哲学的绝对否定。而实际上蕴含的却是由极端的失望产生的愤怒:叔本华在柏林大学讲台上的失败,主要著作《作为意志和表象的世界》未被真正接受,他为此沉默十七年之久。十七年之后,在他以为黑

---

① [德]叔本华:《伦理学的两个基本问题》,任立,孟庆时译,北京:商务印书馆,1996年版,第143页。
② [德]叔本华:《伦理学的两个基本问题》,任立,孟庆时译,北京:商务印书馆,1996年版,第14页。
③ [德]叔本华:《伦理学的两个基本问题》,任立,孟庆时译,北京:商务印书馆,1996年版,第15—19页。
④ [德]叔本华:《伦理学的两个基本问题》,任立,孟庆时译,北京:商务印书馆,1996年版,第30页。

格尔哲学的影响渐渐消退,自信能获得认可的时候却再一次遭受了几乎是致命的一击——他的失望、沮丧几乎已经达到了临界点——黑格尔哲学不死,他永无出头之日。事实上,对黑格尔以及与黑格尔有关的一切哲学毫无理性的批判谴责,让他失去了哲学家应有的沉着冷静。他本是时代哲学的局外人,但这位局外人并不像他自己宣称的那样恪守局外人姿态,他渴望着成为德国的哲学王,而黑格尔享受着本应属于他的地位,因为是他——而不是哲学界所认为的黑格尔——才是康德哲学洞见的继承人和诠释者。

但如果仅仅从个人的名利得失去解释叔本华对黑格尔的敌视,那未免过于简单和片面。在叔本华看来,黑格尔是一个哲学上精致的利己主义者,他将个人利益的追求置于哲学的使命之上,这同叔本华视真理为哲学的唯一目的的立场格格不入。黑格尔为了获得生活的成功,将自己变成了教会和国家的走狗,他把晦涩的术语、精明的辩证法游戏看作深邃的思想,从而掩饰了自己卑劣的目的,蒙蔽并误导了德国哲学。叔本华针锋相对地指出,真理在赤裸时看得最清楚,而黑格尔所写的东西却有着不止七层的重重面纱,这些面纱下面甚至空无一物。这种功利的哲学行动有着配套的哲学方法和观点。

按照叔本华的说法,真理广泛存在于黑格尔的思想之中,他用以发现真理的方法是辩证法逻辑学或逻辑学辩证法。叔本华以黑格尔的《哲学全书》为案例,对全书的"逻辑学""自然哲学"和"精神哲学"三个部分进行切片分析。他指出黑格尔的逻辑学试图将绝对之物看作本体,并通过令人眩惑的辩证环节达到理念从其自身制造出一个与之相符的真实世界的契机。在自然哲学中,通过空间、时间、重力、有形物体、植物、动物缓慢地推进理念,将自然表现为"精神的自由反映:认识上帝,不是在将其作为精神而进行的观想之中,而是在其直接无间的存在之中"。在"精神哲学"中,则将逻辑与辩证法精心结合,将主观精神与客观精神构建为绝对理念。[①] 叔本华秉持亚里士多德逻辑学,认为真理只是表示命题关系的特性,事物的定义与证明其存在的论证是两码事。正是基于这样的方法差异,叔本华指责黑格尔的逻辑学是无耻的骗子、腐坏的果实,只不过是为证明上帝存在的本体论论证的荒谬的扩张。而他的辩证法则是运用失去常态的理性通过"生成"的方式认识到存有与虚无而调和解决所有的矛盾。从一个自相矛盾的说法,可以得出任何一个满意的命题,黑格尔的辩证法带有浓厚的唯我论同一性哲学色彩。叔本华认为,黑格尔的辩证法是通过掩人耳目的主观愿望产生了作用。

[①] 参阅[美]戴维·E.卡特赖特:《叔本华传》,何晓玲译,杭州:浙江大学出版社,2018年版,第433—436页。

从哲学观点上看,叔本华与黑格尔的对立更加尖锐。黑格尔的绝对唯心主义假定世界是理念的表现,并断言"存在的就是合理的"。叔本华的意志形而上学则认为世界是一种毫无理性、永不餍足、漫无目的为生存而奋斗的意志存在。黑格尔认为历史是自由的理念在精神意识到自身的过程中得以实现的目的,最完美无缺的状态则是国家和教会。黑格尔将上帝的本质称为自由理念,将宗教语言转化为哲学语言。而叔本华则坚持柏拉图的观点,认为哲学关注永恒和普遍的东西,历史所关涉的则是过往的、短暂的、特定的东西,这些不过是天上浮云。叔本华坚持认为:"真正的历史哲学应当认识到所有事件,无论古今,抑或东西,均有共同之处;无论环境、服饰和习俗有何差异,随处均能窥见相同的人性。"[1]

叔本华对黑格尔"存在的就是合理的"的著名命题表达了由衷的蔑视,因为,在他看来,这一命题暗含着诸种不合理的观念:把世界看作某种合理性的整体本身,将表象视为世界的自在之物,事物最终都会达到和谐,预设一个井然有序、正义公平、舒适、稳定而富足的国家,等等。叔本华认为这些观念会助长浅薄的乐观主义,让真实的社会变得更为糟糕,

---

[1] Arthur Schopenhauer. *The World as Will and Representation*, Vol. 2, trans. E.F.J. Payne. New York: Dover Publications, Inc., 1969. p.444.

这不仅是对国家功能的误解,而且也是对那些为真理而牺牲在历史绞刑架上的灵魂的背叛,正如后来的别尔嘉耶夫所指证的,"黑格尔把哲学变成了偶像"。①

归根结底,叔本华对黑格尔的敌视是十九世纪到二十世纪现代哲学转换的观念斗争,没有叔本华哲学的胜利断不会有尼采以及现代哲学曙光的照临。

叔本华在柏林的时日总体上郁郁寡欢,充满绝望,这主要与一连串的不如意事件有关,其中两桩关涉到女性,两位都叫卡罗琳娜。后来人们意识到,这两位女性与叔本华的母亲约翰娜一起助长了他的厌女情绪。

第一位卡罗琳娜全名叫作卡罗琳娜·里希特(Caroline Richter),她原先是柏林歌剧院的舞蹈演员和合唱队员,后来据说因为生下了枢密秘书路易斯·梅东(Louis Medon)的私生子,被人们称作"梅东",叔本华同她时断时续地保持了十几年的暧昧关系。他们相遇的确切时间已不可考,大约是在1821年的某个日子,那时叔本华33岁,而梅东19岁。梅东天性活泼,长着一头黑发,叔本华深情地称之为"伊达"或"小公主"。在叔本华再次游览意大利十个月的时候,梅东生下了他们的儿子卡尔·路德维希·古斯塔夫·梅东(Carl Lud-

---

① [俄]别尔嘉耶夫:《自由的哲学》,董友译,桂林:广西师范大学出版社,2001年版,第6页。

wig Gustav Medon)。1831年,柏林发生流行性霍乱,叔本华建议梅东与他一起逃离,但不要带上儿子卡尔。此后,卡尔成为叔本华的隐痛,甚至在自己的遗嘱中,他给予梅东五千塔勒的馈赠,但规定不得有一分一厘交给卡尔。有资料显示,叔本华对梅东十分迷恋,他在柏林居住期间仔细考虑过是否结婚的问题,但正如叔本华在其他事情上的精明和谨慎一样,他对与梅东组建四人家庭的未来前景几经盘算,最终还是不了了之,不过这种斟酌也有意外的收获,即他对现代一夫一妻制的反思和性爱形而上学的探究。他认为性欲是生命意志最为雄健的表达方式,仅次于对生命的热爱与对个人幸福的追求,它规定了人类行为的目标,规定了人类生活戏剧的主题,绝大多数人从来都无法逃脱其威力,提倡贞洁只会使情况变得更糟。从实际情况出发,关键在于发现用以缓解性欲影响的手段,但一夫一妻制不仅无助于性欲的缓解反而增强了不利影响。[①]

第二位卡罗琳娜全名叫作卡罗琳娜·路易斯·玛尔戈(Caroline Louise Marquet),是一位裁缝,曾与叔本华租住在货栈大街4号同一幢楼里。1821年8月21日,玛尔戈给叔本华带来了一生的名誉玷污事件。具体情况是这样的:心性

[①] 参阅[德]叔本华:《作为意志和表象的世界》,石冲白译,北京:商务印书馆,1982年11月版(2017.11重印),第448—451页。

喜欢安静的哲学家曾多次向房东贝克太太抗议时年47岁的女裁缝与其女友们在相邻的前厅中闲谈,因为影响到他的工作和生活。这一天,同样的闲谈再次出现。叔本华坚决要求她们离开,玛尔戈的两位女伴知趣地离开了,但她自己却继续留下,同时声明作为房客,她有权利在自己的地盘自由活动,而且应该受到叔本华的尊重。这激起了哲学家的愤怒,他骂玛尔戈"老荡妇""老混蛋",并动手将她带离前厅,虽然具体过程和行为,双方各有说辞,但事后发现,玛尔戈确凿受了伤。次日,她向柏林的皇家法院提起诉讼,控告邻居叔本华犯有殴打与诽谤罪。叔本华对指控进行了辩护,1822年3月1日,法庭做出了有利于他的判决。玛尔戈不服判决,向柏林高等法院提起上诉,由于叔本华自信能够赢得官司,柏林高等法院的负责人也向他保证将会维持原判,所以并未到庭辩护,而是按照原计划于1822年5月27日离开柏林前往意大利。但事实是,高等法院在6月7日裁决叔本华对邻居造成轻微伤害,处以罚金二十塔勒。银行代理人在他不知情的情况下支付了罚金。叔本华向柏林高等法院的上诉庭提起上诉,希望改变判决结果,上诉并未成功。此后,玛尔戈还向柏林高等法院的预审庭提起民事诉讼,声称自己因为叔本华的殴打造成半身瘫痪,无法再从事裁缝行业,而且,由于叔本华的暴力,她被推搡倒在五斗柜上,导致外阴部受伤(事后相关权威机构检查结果是玛尔戈身上只有几处轻微的擦伤,外阴也并未发现明显的伤痕),她要求法院判决叔本华赔偿医疗费以及生活费,并要求逮捕施暴者。判决是缓慢的,叔本华的财产被冻结,玛尔戈获得了生活费。变坏的情况迫使已经移居德累斯顿的叔本华返回柏林,在律师和朋友们的帮助下,银行账户得以解冻。然而,玛尔戈并不因此满足,她再次提起上诉,并最终胜诉。1827年5月4日的终审裁定显示:玛尔戈从叔本华处赢得了每年六十塔勒的生活费,直至她能够重新工作或离开人世;此外,哲学家还被处以庭审费用六分之五的罚款。女裁缝玛尔戈死于1842年,叔本华在她的讣告上写下一句话:"恶妇死,重负释(obit anus abit onus)。"这一让叔本华身心疲惫的臭名昭著事件总算画上了句号。

在1822年5月至1825年5月,除了偶尔回到柏林,深陷人情纠纷的叔本华实际上像少年时代跟随父母漫游欧洲一样阅读"世界之书"。他离开柏林,到了莱比锡和纽伦堡,途径斯图加特、沙夫豪森、维韦和米兰,1822年9月11日,他抵达佛罗伦萨,在这里他度过了八个月的时光。他不仅沉浸在意大利迷人的天空、大地、植物与人们的面容之间,而且欣赏着佛罗伦萨随处可见的艺术品,赞美广场的装饰和雕像,他搜集着各种美学资料,在陌生的外国人中享受着被恭维的快感。

叔本华离开佛罗伦萨前往特伦托,又从特伦托前往慕尼黑,在此处他住了一年有余。到达慕尼黑四十多天以后,叔本华开始经受痔疮化脓发炎、痛风以及神经机能失调的折磨,他双手颤抖,几乎无法握笔,右耳丧失了听力。他不得不长时间地接受恩斯特·冯·格罗西(Ernst von Grossi)大夫的治疗。大夫证实叔本华得了梅毒,这也证明了独身主义的哲学家是烟花柳巷中的常客,他也从不忌讳与朋友们共享快乐。他特别崇尚防治疾病的"大自然疗法",但会经验老到地提醒,罹患梅毒之后必须去看医生。[①] 为了更好地治疗疾病,他到加斯坦洗了一个多月的温泉,回到慕尼黑之后,立即取道斯图加特、海德堡、曼海姆、法兰克福和莱比锡前往德累斯顿。在德累斯顿他度过了整个冬天。由于自己的哲学未能受到应有的重视,反响寥寥,叔本华试图寻求新的事业和爱好。翻译是他的首选,他希望借此一方面使自己充实,另一方面也能为自己的作品打开市场,获得读者。他尝试翻译出版大卫·休谟的《自然宗教史》、乔尔达诺·布鲁诺的《论原因、本原与太一》、斯特恩的《项狄传》,而且试图把康德的主要著作翻译成英语出版,但最后除了自己的《论视觉与色彩》用拉丁文重写之后得以发表之外,其他计划都无疾而终。

  失败使得叔本华重返柏林。他奔忙于重新开始中断了

[①] [德]阿图尔·叔本华:《附录和补遗》(第2卷),韦启昌译,上海:上海人民出版社,2020年版,第204—205页。

的教书生涯。但哲学家的自信与固执并未使他吸取经验教训,他仍然将自己的授课安排在与劲敌黑格尔同一时段进行。正如我们此前已经知道的,叔本华在柏林大学开设的课程有十一个学期都列在课程目录上,他的讲课主题被限制在"哲学基础或一般认识论",而没有被允许讲授他那过于异端的道德哲学。为了吸引学生,叔本华在课程名称中加上了"构成了推理学与逻辑学的"的修饰语,因为他认为将来的大学生能够认识到他的整体经验的表象哲学优越于黑格尔那缺乏连贯性的辩证概念。但无论使出何种解数,叔本华从未吸引到真正的哲学专业的学生选修他的课程。1826—1827冬季学期有三个医学系学生选修他的课;1828—1829冬季学期一名枢密院官员、一名牙科医生、一名上尉军官和一名骑术教练选修了他的课。但正如可以预料到的,这些学生的到课率实在不敢恭维。他的教书生涯再遭重创。

沮丧至极的叔本华开始谋求去其他大学做编外讲师。他接触过吉森大学、耶拿大学、维尔茨堡大学、海德堡大学,可惜的是,这些大学都将其拒于门外。

当叔本华继续在柏林苦苦挣扎,加倍安慰自己他的哲学时代必将到来之时,1830年秋爆发于俄罗斯的霍乱,于1831年夏传到柏林。人心惶惶,能够逃离的人全都逃离了。黑格尔将家人迁到附近的小镇科伊茨堡,自己则重返柏林去恪守教授的职守。上帝给了他哲学的幸运,而没有赐予他躲过瘟疫的幸运,11月14日,按照流行的说法,黑格尔死于霍乱。

四、迟到的哲学荣光

当眼中的"黑兽"去世的时候,叔本华正在远离霍乱肆虐的城市法兰克福。不得不叹服的是,叔本华幸运至极:1830年年末,他做了一个奇异的梦,在梦中他见到了早已夭折的童年密友歌特弗里德·耶尼西(Gottfried Jänish)。他把此解释为预见他来年将死的梦,并且相信,如果离开柏林,他就不会死。这一异乎寻常的结果,也许是叔本华事后的附会,因为这段时间,叔本华对动物磁力、幽灵、灵异现象、读心术、预言、神视能力、死者交流等等兴趣浓厚,并且在1836年出版了《自然界中的意志》一书,其中专门有一章论动物磁性说和魔术[①],但总之,他在霍乱肆虐的前一年离开了柏林,并且确实逃过了一劫。

1831年8月28日叔本华抵达法兰克福,这是歌德的出生地,也是德意志联邦议会所在地。那时候的法兰克福人口大约在五万左右,享有自治权,吸引着来自德意志以及其他欧洲国家的政治家、外交公使以及其他达官显贵。叔本华决

---

① [德]叔本华:《自然界中的意志》,任立,刘林译,北京:商务印书馆,1997年版,第108—135页。

定把法兰克福当作自己的永久居住地。他将死于此,也葬于此。

叔本华的母亲约翰娜于1838年4月16日在睡眠中安详辞世。妹妹阿黛勒写信告知叔本华这一消息。阿黛勒与自己的朋友安排了约翰娜的葬礼。对于母亲,生前叔本华不愿见面,死后也未瞻仰其遗容和参加葬礼。阿黛勒继承了约翰娜所留下的遗产,其中既有财产也有债务,她还清了债务。考虑兄长会提出异议,因此恳请他尽弃前嫌,让母亲安息。出乎阿黛勒意料的是,叔本华对遗嘱没有异议,也许他对妹妹的怜悯占了上风:如今她无依无靠,约翰娜又几乎花光了她所继承的全部财产。

母亲的去世解放了阿黛勒,家庭矛盾似乎也得到了缓解。阿黛勒与叔本华继续保持着通信联系,并于1842年在法兰克福手足重聚,这是他们时隔二十多年之后的再一次见面。阿黛勒吃惊地发现叔本华竟然有一幅母亲的肖像画,他主动提出送给她,但阿黛勒拒绝了,因为她觉得画作既令人反感又不像本人。让我们对叔本华与母亲之间的关系不能不产生表面现象之外的联想的是,在叔本华生命的最后一年,母亲的这幅肖像画与哲学家本人的一张相片一道悬挂在位于法兰克福美景街16号公寓沙发对面的墙上。

正如尼采的妹妹成为哥哥最后的守护神,在阿黛勒生命剩下的日子里,她比任何人都更了解自己的兄长和他那看起来故作厌恶人类姿态下的哲学灵魂。阿黛勒于1849年8月25日下午三点十五分离开了人世,她像母亲一样被葬在了波恩。叔本华没有出席葬礼,但毫无疑问,他对妹妹的去世感到悲痛:如今再也没有人能让他毫无顾忌地倾诉衷肠,再也不会有阿黛勒这样的知音了。叔本华与妹妹生前的闺蜜梅尔藤斯保持着良好的关系,直至1857年她在罗马离开人世,这也许是对妹妹的一种独特的记忆和怀念方式吧。

法兰克福虽然注定是意志哲学家叔本华的福地,但等待的过程同样令人心焦。1836年3月,《自然界中的意志》一书出版,哲学上十七年之久的沉默被打破。叔本华一改自己对金钱斤斤计较的风格,放弃稿酬,他需要以图书的方式洗刷在大学讲坛上失败的耻辱,并以此吸引读者回头去关注他早期的主要著作。在本书中,他力图证明,不仅是人,整个自然界都是意志的存在。"这个意志,在一个所有其余的都只是现象,也就纯粹是表象的世界上,它作为唯一的自在之物,作为唯一真正的实在,唯一的起源和形而上的东西,赋予可能存在的每一事物以力量,依靠这种力量,事物才能存在和行动,因此不仅仅是动物的随意的行动,而且还有它们的生命机体的有机组织,甚至连无机王国里的结晶作用,以及在物理现象和化学现象中都表现出来的每一种原初的力量,甚至连重力本身,这一切都是自在地和在现象之外地,也就是说在我们的头脑机器表象之外地,完全地和我们在自己身上认作是意志的东西相同一的。"①总之,叔本华试图用十九世纪逐渐占住知识前台的科学来证实自己的哲学努力。第一版的《自然界中的意志》出版社印了五百本,但在付印一年之后,仅仅卖出了一百二十五本。显然,这本为叔本华主要著作做宣传的小书并未给他带来应有的福音。

此时,欧洲哲学界其实并未完全摒弃叔本华所关注的问题,因为,1837 年 4 月,叔本华在《哈勒文学报》(*Hallische Litteratur-Zeitung*)上读到一则征文启事,这是挪威皇家科学院出资主办的,征文题目是:"人类意志的自由,能从自我意识得到证明吗?"②叔本华立刻意识到这是一个与他的哲学相关的重大问题,他有兴趣并且有能力和责任深入解答它。

叔本华从 1837 年至 1838 年春天全身心投入征文的写作。1838 年 6 月 19 日挪威皇家科学院收到叔本华的应征论文,1839 年 1 月 26 日科学院授予这篇征文以桂冠。他收到了科学院寄来的金质奖章,同时被任命为科学院的成员。这篇征文也在 1840 年得以正式发表,因为拥有文章的版权,科学院未给予作者修改文章的机会,但在多次协商之后,叔本华还是获得了它在德国发行的版权。

---

① [德]叔本华:《自然界中的意志》,任立,刘林译,北京:商务印书馆,1997 年版,第 19 页。
② [德]叔本华:《伦理学的两个基本问题》,任立,孟庆时译,北京:商务印书馆,1996 年版,第 38 页。

在文章中，叔本华把自由区分为自然的自由、智力的自由和道德的自由三种类型。无论哪种自由，其特点都是必然性的不存在，也就是绝对的偶然性。自由关乎的，并非我们的行为，而是我们的性格，并非作为表象的世界，而是世界的内核。因此，自由不能从自我意识得到证明。由于是征文，他不能先入为主地假设自己已有的哲学观点完全正确，然后以此回答科学院提出的问题，因此不同于早年《作为意志和表象的世界》中对自由的论述，这是一篇自成一体的论文，也是叔本华所有著作中最浅显易懂的文字，该文为叔本华赢得了哲学声誉。

这次获奖似乎也给叔本华指引了一条哲学成功的终南捷径。1838年5月，他再次在《哈勒文学报》上偶然发现了征文启事，这便是我们此前已经提及的让叔本华耿耿于怀的丹麦皇家科学院的征文。他信心十足地完成了论文，并且投寄给了丹麦皇家科学院。未能获得嘉奖的论文，一直拖到1840年夏天才被发表在仅限哥本哈根本地发行的杂志上。正如我们所知道的，叔本华怒火中烧，他把两篇征文组合起来，以《伦理学的两个基本问题》出版。在本书的前言中，叔本华对丹麦皇家科学院对论文所作裁决进行了透彻的分析，表明科学院所问的问题，他已经提供了恰如其分的正确答案，也就是，对道德终极基础的描述，而非一篇着重阐述形而上学与道德之间关联的论文。① 事实证明,《伦理学的两个基本问题》最终并未引起哲学界的重视。两篇短小的评论,发表在娱乐性报纸上,其中一篇还语带讥讽地称本书作者为"当代最伟大的哲学家"。不过,失败从来都不能成为叔本华的绊脚石,他把学术界的沉默、挖苦、抵拒、敌视看作继续前进的鼓励,他为那些潜在的、未来必将承认、欣赏、仰望他的人而写作,他相信"属于我的时刻最终并且必定会到来,它来得越晚就越是灿烂夺目"②,"玫瑰的花冠,快要加在他的白头发上面了"③。

1843年以后,叔本华陆续再版了《作为意志和表象的世界》《自然界中的意志》《伦理学的两个基本问题》以及博士论文《充足理由律的四重根》。《书目全录》《文学消遣报》《新耶拿文学汇报》等媒体针对这些著作出现了零星的评论。显然,各怀企图的批评者都没有完全理解叔本华的独特观点,也没有明白叔本华是怎样把自己的独创观点扩展到各种新的研究领域的。每一位评论者都忽视了叔本华源于康德但又与康德哲学截然不同的哲学新视野——他们对物自体作为意志出现的哲学尝试视而不见。但不无欣喜的是,叔本华

---

① [德]叔本华:《伦理学的两个基本问题》,任立,孟庆时译,北京:商务印书馆,1996年版,第8页。

② [美]戴维·E.卡特赖特:《叔本华传》,何晓玲译,杭州:浙江大学出版社,2018年版,第574页。

③ 陈铨:《从叔本华到尼采——陈铨德国哲学文集》,西安:陕西人民教育出版社,2016年版,第58页。

的哲学慢慢地有了追随者,尽管他们并非哲学教授或学界中人,而是生活中对哲学颇有兴趣的成功人士以及法律专业的大学生和一些自由学者。这些传播叔本华哲学的"圈外人士"被主流哲学界戏称为"福音书作者"和"基督使徒"。

第一位追随者是弗里德里希·路德维希·安德烈亚斯·多古特(Friedrich Ludwig Andreas Dorguth),他是马堡地方法院的法官,费希特-谢林-黑格尔哲学的激烈批评者,曾与费尔巴哈通过信。多古特是在1836年阅读《自然界中的意志》之后写信给叔本华的。时年62岁的多古特不仅向叔本华询问理解他的哲学体系的最佳方法,而且附上了一首讥讽黑格尔哲学的诗作,这使叔本华感到由衷的高兴。在叔本华的建议下,多古特阅读了《作为意志和表象的世界》,并逐渐成为叔本华哲学的狂热信徒。他写出了几篇捍卫叔本华哲学的短文,并且到处宣讲。在给卡尔·罗森克兰茨的信中,对叔本华不吝赞美之辞。多古特1854年以77岁高龄死于霍乱,直到去世前的两天他还在阅读叔本华寄给他的《自然界中的意志》第二版,对叔本华哲学的忠诚可谓至死不渝。

第二位追随者是哲学博士、自由学者尤利乌斯·弗罗恩席德特(Julius Frauenstädt)。弗罗恩席德特是在相当偶然的情况下接触到叔本华的学说的。那时他正在撰写参赛征文,一本《百科全书》介绍唯心主义中有一句话提到叔本华,激起了他的阅读欲望。他后来回忆说,阅读叔本华作品使他脱胎换骨，从黑格尔哲学的阴影中一跃而出，他认为《作为意志和表现的世界》构建的是一种比黑格尔哲学更高级的哲学，人们从叔本华十页作品中学到的东西比从黑格尔十卷作品中学到的东西还要多。弗罗恩席德特是叔本华追随者中最活跃的一位。他促使叔本华出版了《附录和补遗》，叔本华去世之后，担任叔本华作品第一套全集的编辑工作。1847年至1856年间，他与叔本华保持着频繁的书信往来。弗罗恩席德特深入钻研叔本华著作，这让他比别的追随者对叔本华哲学理解得更为深入，他对其中的某些观点提出了批评，比如，他指出叔本华的禁欲主义结论减损了他自己关于同情伦理学所具有的重大意义。弗罗恩席德特认为同情心聚焦防止和减轻他人的痛苦，但意志所进行的否定则仅仅关涉防止和减轻意志征服者的痛苦。这些批评引起了叔本华的不快，曾经中止过与他的通信，但这位忠诚的"福音传播者"继续全力推广叔本华哲学。精诚所至，金石为开，冷静的哲学家接受了弗罗恩席德特的崇拜与友谊。叔本华在1859年亲自给他寄送了《作为意志和表象的世界》第三版，而且指定他为自己著作与遗稿的继承人。

第三位追随者是约翰·奥古斯特·贝克尔(Johann August Becker)，他是一名律师。他为叔本华悲观世界观所打动，但对其哲学中的某些问题——比如通过否定意志而救赎、同情伦理学——感到困惑。1844年7月31日，41岁的律师给哲学家写信,恭敬而又小心翼翼地请求予以释疑解惑。叔本华给予贝克尔具体的指导和建议,并且在后来的每一封中都会认真答复。他曾给贝克尔寄送过一本《自然界中的意志》,用两个命题言简意赅地概括自己的哲学基础:首先,意志是世界上一切事物的本质;其次,整个物质世界仅仅作为我们的表象而存在。贝克尔也展示出对叔本华哲学深刻而敏锐的理解力和质疑精神。因为贝克尔的诚意,不断发出的批评和质疑并未引起叔本华像曾经对待弗罗恩席德特那样的不满,而叔本华本人在回信中对自己哲学的解释,也成为后人研究叔本华的重要参考文献。贝克尔成为叔本华终身挚友。1850年贝克尔调任美因茨地方法官之后,坚持定期拜访哲学家,哲学家也会去看望这位虔诚的律师,他也是叔本华后来的法律顾问。

1846年,慕尼黑律师亚当·路德维希·冯·多斯(Adam Ludwig von Doß)在帕骚的一家书店十分偶然地发现了叔本华的《作为意志和表象的世界》第二版,叔本华哲学的悲观性质与年轻律师对生命意义的形而上探究产生了深深的共鸣,从此成为叔本华的第四位追随者。1849年,多斯专程拜访了叔本华。这位满怀激情的狂热崇拜者,像"使徒约翰"一样,写信给那些素不相识的人,告诉他们去读一读叔本华的作品。叔本华不仅是多斯的哲学偶像,也是他的日常生活的参谋。他向叔本华请教婚姻的问题,当然,这位敌视女性的哲学家劝他不要踏入婚姻的殿堂,如果无法避免,也要实实在在地找一位富有的女人。1853年,多斯迎娶了并不富有的安娜·韦普费尔(Anna Wepfer)。晚年的叔本华表现出了相当程度的宽容和温和,他并未责备自己的信徒。直至去世,他们之间都保持着密切的联系。

1848年爆发的武装革命波及全欧洲,这一年马克思与恩格斯在《共产党宣言》中鼓励各国工人阶级联合起来,"一个幽灵,共产主义的幽灵在欧洲上空徘徊"。敏感的哲学家比一般人更清楚地看见了这个"幽灵",但悲观哲学家叔本华也比一般人更害怕政治和暴力。他忧心忡忡,担心社会动荡会夺走保证自己自由的财产,他像鸵鸟一般把自己自由的头埋藏在沙暴之中,这个嗜书如命的天才,甚至取消了所有的书籍订单,这是他在革命的欧洲中最革命的举动了。然而,1848年9月,法兰克福还是不可避免地发生了暴力事件。9月18日,叔本华从位于美景街的公寓望出去,看到一群拿着棍子、干草叉和步枪的民众蜂拥而过。狙击手在街上夺取有利位置,然后不停地射击。一队奥地利军人进驻了他的房间,他为这些平乱的士兵奉献了自己心爱的双筒望远镜,平常他用它观看歌剧。众所周知的事实是:1848—1849的革命终告失败。在这一次近代欧洲翻天覆地的变化中,叔本华收获的比失去的要多得多。他只不过损失了一些书籍和那副著名的望远镜,但失败、沮丧、剥削、压迫和痛苦的生活,却为他的悲观主义的唯意志哲学提供了生长的最佳土壤。1850年6月,叔本华委托弗罗恩席德特出版了《附录和补遗》。这是一部杂论,一部皇皇巨著,是对他的主要著作的补充,"既有一些探讨相当特别的、各自不同的论题的论文,也有对更加各式各样的题材的零散思考和想法"。[①] 这一次,不仅是那些圈子外的崇拜者表现出高度的热情,哲学教授们也打破了沉默。海德堡的哲学家卡尔·福特拉格在《自康德以来的哲学起源史》中详尽论述了叔本华的思想。费希特的儿子伊曼努尔·赫尔曼·费希特也在《伦理学体系》中给予叔本华思想高度关注。特别是黑格尔的信徒、哲学家约翰·爱德华·埃尔德曼倾尽全力去理解叔本华哲学,并在《德国思辨哲学自康德以来的发展》中加进了三十七页专论叔本华的内容,他还邀请叔本华本人撰写"关于我生平的介绍"附录于此书中。而丹麦的存在主义哲学大师索伦·克尔凯郭尔在私下的日记中特地记下了叔本华受欢迎的状况:"……所有文人的流言蜚语、新闻记者与无名作家都开始为S(叔本华——伍按)而手忙脚乱——他如今正要被拖上前台,进入公众的视线,公开受到赞扬。"[②]63岁高龄的叔本华靠着这部

---

① [德]阿图尔·叔本华:《附录和补遗》(第1卷),韦启昌译,上海:上海人民出版社,2019年版,第1页。
② 转引自:[美]戴维·E.卡特赖特:《叔本华传》,何晓玲译,杭州:浙江大学出版社,2018年版,第617—618页。

书,在极短的时间内享誉海内外。此后,不仅这部书不久便告售罄,就连一向销售惨淡的《作为意志和表象的世界》也在图书市场上博得了畅销书的头衔,欧洲的读者终于发现了一个全新的哲学体系。

高光时刻的叔本华在晚年还收获了极具思想史意义的友谊。1854年,41岁的作曲家瓦格纳初次接触到《作为意志和表象的世界》便有脱胎换骨之感,他怀着敬意与感激专门印制了一份装帧精美的《尼伯龙根的指环》的剧本寄送给哲学家。但是叔本华并不欣赏瓦格纳的音乐,在他心中,罗西尼和莫扎特的音乐才是真正的音乐。叔本华认为音乐是独立的艺术,高居所有艺术的顶端,因为音调直接表达了意志,而其他艺术则停留在现象层面。他指出,瓦格纳的歌剧是音乐、动作、语言和场景的综合,其中诗歌似乎占据了主导地位。这与音乐的本质相差甚远。因此,瓦格纳与其说是一位音乐家,倒不如说是一位诗人。他的音乐并未传达出意志,相反,它埋葬了意志。叔本华的批评和冷待并未减弱已届不惑之年的瓦格纳真挚的热情,他终其一生都在不断推广叔本华学说,而且其效果远远大于其他人物的推广。

学术界对叔本华的兴趣也以此前不可想象的方式表现出来。1856年,莱比锡大学为了更好地阐释和评论叔本华哲学,以叔本华曾经喜欢的方式举办了一场征文比赛,叔本华本人也在《法兰克福杂志》读到了这份启事。神学专业学生鲁道夫·赛德尔(Rudolf Seydel)的《叔本华哲学体系的描述与评论》获得金奖,而且还凭借此文获得了博士学位。由于这篇论文滥用引文,极尽吹毛求疵之能事,激起了叔本华及其拥护者的愤怒。叔本华更认同卡尔·格奥尔格·贝尔的《以其基本特征加以描述并以批判性眼光加以阐释的叔本华哲学》。比较而言,贝尔对主题进行描述和阐释,而赛德尔却试图去描述并进行否定的批评;贝尔感兴趣的是真理,而赛德尔感兴趣的则是取悦那些反对叔本华的教授。虽然这些极具挑逗性的活动内含着反对者这样或那样的不可告人的目的,令叔本华大为恼怒,但他仍然觉得欣慰,因为哲学界过去那种居心叵测的沉默被打破了,不好的评论总比无人理睬要好,至少,它让人们认识到,叔本华哲学具有值得反驳的重要性。

与声名相比,叔本华晚年的身体可能更会让他满意。他精神矍铄,身体强健,每天坚持散步、吹笛子、保持合理的睡眠时间。1859年,71岁高龄的他每天工作3—4个小时,还常常感叹时间过得真快。[1] 但他从未像相信自己的哲学永恒那样相信自己的肉身会永垂不朽,岁月不曾饶过这位坚强的

---

[1] William Wallace. *Life and Writings of Arthur Schopenhauer*. New York and Melbourne: The Walter Scott Publishing Co., Ltd., 1890. p.211.

哲学斗士。1860年9月20日①叔本华在起床后摔倒在地，头部受到重创。不过，夜里他还是睡得较为踏实，第二天起床也毫无异常。他按照惯例用冷水洗漱完毕之后吃了早餐。女仆按照吩咐打开了窗户，好让叔本华呼吸到新鲜的空气，在她几分钟后陪着医生回到房间时，哲学家已经与世长辞。他没有做过任何痛苦的挣扎，看起来像是睡着了一般，不过，在袅袅升天途中，他也许无法忘记1856年自己曾写过的一首名为《结局》的诗：

> 疲惫的我站在路的尽头，
> 无力的头颅几乎无法承受月桂花环；
> 但看到所做出的业绩我备感欣慰，
> 始终不理会别人说些什么。②

---

① 戴维·E.卡特赖特《叔本华传》写成1864年9月21日，应属中译者笔误。参阅[美]戴维·E.卡特赖特：《叔本华传》，何晓玲译，杭州：浙江大学出版社，2018年，第634页及David E. Cartwright. *Schopenhauer: A Biography*. New York: Cambridge University Press, 2010. p.547.
② [德]阿图尔·叔本华：《附录和补遗》（第2卷），韦启昌译，上海：上海人民出版社，2020年版，第810页。

第二章 "单一的思想":
《作为意志和表象的世界》文本解读

《作为意志和表象的世界》是叔本华的代表作,在叔本华的许多传记作品中直接以"主要著作"指代它。该书于1818年3月完成,12月由F.A.勃洛克豪斯出版公司出版,版权页注明的出版时间为1819年,此后,在叔本华的有生之年还再版过两次。第二版于1844年以两卷本形式发行,卷一几乎是原书的重印,卷二由四个标题下的五十章组成,是对卷一四个部分的补充。① 第三版发行于1859年。

叔本华说,世界上有两种思想方式,一种是系统思想,另一种是单一思想;前者需要一部分托住另一部分,后者则相反,无论内容如何广泛,都必须保持完整的统一性;前者是底层托住上层,但并不为上层托起,上层的顶峰只被托住,却不托起什么;后者即便为了方便传达,分成若干部分,部分间的

---

① [美]S.杰克·奥德尔:《叔本华》,王德岩译,北京:清华大学出版社,2019年版,第61页。

关联仍然是有机的,无尾无首,思想虽经各部分明了,但如对整体不甚了了,也无法彻底理解细微的地方。《作为意志和表象的世界》传达的便是这样一个"单一的思想"[①]。为此,叔本华郑重其事地指出,作为作者他需用整整一本书来阐释其思想,而读者除了运用耐心将这本书至少阅读两遍之外,没有什么捷径可以达成各自的目的。[②] 这提醒我们,虽然迄今为止,《作为意志和表象的世界》仍然算得上是一本让普通读者的阅读变得死去活来的书,但在必要的耐心和起码的智慧的支持下,去梳理这样一本二百年前完成的杰作的核心内容,虽然不轻松,还是可以勉力完成的任务。

《作为意志和表象的世界》全书分为四篇,外加一篇附录。第一篇认为世界是表象,阐释说明经验世界受制于充足理由律。第二篇认为世界是意志。第三篇再论作为表象的世界,申明独立于充足理由律以外的表象。第四篇也是篇幅最长的部分,返回到论述作为意志的世界,这一最为严肃的部分关涉着人的行为,申明在达成自我认识时,意志即生命

[①] 华莱士(W. Wallace)指出,叔本华有时忘记了"单一的思想"所要求的明晰等优点,放大其中的缺点,比如前后重复累赘等等,这一看法值得重视。参阅 W.Wallace. *Life and Writings of Arthur Schopenhauer*. New York and Melbourne: The Walter Scott Publishing Co., Ltd., 1980.p.8.

[②] [德]叔本华:《作为意志和表象的世界》,石冲白译,北京:商务印书馆,1982年11月版(2017.11重印),第1—2页。

意志。附录部分是对康德哲学展开的反思,回应自己哲学的康德色彩以及对康德哲学的推进。总之,正如1844年7月31日叔本华写给自己的崇拜者贝克尔的信中所指出的,全书主旨基于两个原则:首先,意志是世界上一切事物的本质;其次,整个物质世界仅仅作为我们的表象而存在。纵观这一部杰作,呈现着一条醒目的知识学线索,即从认识论进至形而上学与美学,最终抵达伦理学。其进阶之路并非直线的前行,恰恰相反,叔本华有意地安排了一条之字形的路线,不唯观点本身在隐与显之间交替,阅读的难度和愉悦也因之纷呈。

一、世界是我的表象

(一)命题的知识发生学

"世界是我的表象",叔本华以这样一个著名的论断开始了他的第一篇,他认为这一论断是一个对于世界上所有的生物都有效的真理。一般生物被动地遵循这样的规则,而人则把它纳入了知识反省和抽象的意识范畴,并且因此常常属于典型的哲学思考命题。

"表象"的德语原文是 vorstellung,字面意思是"提出",通常英译为"representation",英文版的《作为意志和表象的世界》译为"idea",这是因为叔本华时代,这一概念也用作英国哲学经验论的"观念"或"感觉材料",并且在不同的哲学家那里以各种不同的方式使用[①]。中文翻译成"观念""表象""表现"等等。我们采纳石冲白、刘大悲等人的通行译法,称其为"表象"。

"世界是我的表象"有着自身的知识学线索和哲学界域。

众所周知,西方哲学自古希腊以来基本上沿着二元论的道路前行,即把世界区分为现象与本体、感性与理性、肉体与精神、此岸与彼岸、客观和主观等相互对立的双方,前者高于、支配或超越于后者。比如,在柏拉图那里,世界的根本或本源就是"理念"(idea,eidos,也译为"理式"或"形相",古希腊语意味"事物的样子"),柏拉图以此表示超感性的、不变的、永恒的、普遍的、绝对的实在,这些真正的实在是知识的源泉,是可感知事物得出其存在性的模型。理念与现象相对,现象是理念的感性显现。这种二元论思想除了哲学的表述,也在漫长的欧洲神学思想中得以贯彻,比如,上帝或灵魂是本体,世界是上帝或灵魂的产物。在肯定性哲学与神学的框架内,未经反思的一般人常常把二元论视为天经地义的知识体系。但到了近代,随着神学的衰落,人义论代替神义论

---

① [英]尼古拉斯·布宁,余纪元:《西方哲学英汉对照辞典》,北京:人民出版社,2001年版,第459—460页。

的必然趋势日益凸显。这种二元论思想可以归结为观念论和实在论或主观与客观的难题,即在我们的知识中,哪些成分是客观的,哪些东西又是我们自己的,或者说我们头脑中产生的图像是头脑内部的主观信息还是外部事物的信息和说明。叔本华认为这是"整个现代哲学所围绕着的中轴"[1]。

被誉为西方近代哲学之父的笛卡尔首先破局。他用"我思故我在"这一著名命题,强调世界上唯一确切的东西就是自我(主体或主观)意识,我们看到的世界只是表象。叔本华把"我思故我在"等同于他的命题"世界是我的表象",二者的区别仅仅在于:笛卡尔强调主体的直接性,而他的命题强调客体的间接性[2]。之所以有这种区别,是因为叔本华批判地接受了发展笛卡尔思想的斯宾诺莎、洛克、贝克莱和康德等人的观点。

斯宾诺莎保留了二元论,正如他的老师笛卡尔所做的一样。他最初区分了"思维的物质"和"广延的物质",前者是认知主体,后者是认知客体,后来试图取消这种区分,但并不彻底。他所画出的观念与现实的分界线或者说主观世界与客观世界的分界线还是完全落在观念一边,这是因为他把观念

---

[1] [德]阿图尔·叔本华:《附录和补遗》(第1卷),韦启昌译,上海:上海人民出版社,2019年版,第18页。

[2] [德]阿图尔·叔本华:《附录和补遗》(第1卷),韦启昌译,上海:上海人民出版社,2019年版,第6—7页。

的存在看作是神,神是有思想的心灵,在广延的世界和表象的世界之间,存在着某一精确的平行。叔本华认为这是不合理的。"广延性绝不是与表象相对立,而是完全在表象的范围之内。事物在我们的表象中就是广延的东西,而只要这事物是广延的,那它们就是我们的表象。"① 斯宾诺莎误以为在属于观念的广延之物那里已经找到了现实的东西,而把真正属于现实之物的意志(意欲)错置为观念。

被叔本华视作观念论的真正创始者贝克莱的表象理论蕴含于"存在就是被感知"这一信条之中②。贝克莱认为人类知识的对象就是观念。观念有三种。一种是由实在印入感官的,一种是由心灵的各种情感和作用产生的,一种是在记忆和想象的帮助下形成的。光、硬、软、冷、热、运动阻力、气味、声音等等都是观念。感知观念的叫作心灵、精神、灵魂或自我。"这些观念是在那种东西中存在的,或者说,是为它所感知的;因为一个观念的存在,正在于其被感知。"③ "所谓它们的存在(esse)就是被感知(percepi),因而它们离开能感知

---

① [德]阿图尔·叔本华:《附录和补遗》(第1卷),韦启昌译,上海:上海人民出版社,2019年版,第15页。
② [英]克里斯托弗·贾纳韦:《叔本华》,龙江译,南京:译林出版社,2014年版,第29页。
③ [英]乔治·贝克莱:《人类知识原理》,关文运译,北京:商务印书馆,1973年版,第20页。

它们的心灵或能思想的东西,便不能有任何存在。"①叔本华解释说,贝克莱的观念论认识到:"在空间中广延的、填塞着的空间的东西,亦即直观、生动的总体世界,绝对只在我们头脑表象中才有如此这般的存在;认为在一切表象之外和在独立于认知主体的情况下,还有另一种存在,因此就是设想另有某一自在的物质,这就是荒谬的,甚至自相矛盾的。"②这种观念论弥合了斯宾诺莎的"思维的物质"与"广延的物质"的摇摆不定的界限,承认表象即观念。

如果说笛卡尔、斯宾诺莎和贝克莱的唯心主义把表象等同于观念,那么洛克的唯物主义则把表象视为物质。在《人类理解论》中,洛克沿着培根和霍布斯的路线,首先确认人心中没有天赋的原则,人的知识归根结底来自感觉经验。但众所周知的是,洛克的唯物主义并不彻底,这首先表现在他把经验分为两类,即外部经验和内部经验的观点上。前者指客观世界的事物对人类的感觉器官发生作用,这种经验叫作感觉;后者指心灵的活动,被称为反省[3]。这与唯心主义一样仍

---

① [英]乔治·贝克莱:《人类知识原理》,关文运译,北京:商务印书馆,1973年版,第21页。
② [德]阿图尔·叔本华:《附录和补遗》(第1卷),韦启昌译,上海:上海人民出版社,2019年版,第17页。
③ [英]洛克:《人类理解论》,关文运译,北京:商务印书馆,1959年版,第69—70页。

然保留着二元论的框架。同时,他把客观事物的质分为两类,即第一性的质和第二性的质。前者指事物的广延性、形状、不可入性、运动、静止、体积等,这类质是客观的,不以人的感觉而转移;后者是指事物的颜色、声音、气味、口味等,这类质是主观的,并非事物本身具有,而是认识的主体通过感官附加到客观事物上去的[①]。这一区分表明洛克并未忘记二元论的鸿沟——我们头脑中的表象与独立于我们而存在的事物之间——仍然存在,他的经验主义尚未解决这一难题,他最终把属于观念的东西命名为第二性的质,而物自体固有的特质则是第一性的质。针对这种区分,贝克莱大主教认为,洛克"假定了一个外在于观念的物理性世界的存在,永久性地在我们的观念与外在世界之间设置了一个不可弥合的鸿沟,从而为认识论的怀疑主义打开了一扇大门。另一方面,物理性世界的存在也威胁到'上帝'存在并支配世界的信仰:在一个物理主义的本体论框架下,很难想象'上帝'是怎样存在着的"[②]。贝克莱虽然是从唯心主义体系出发对洛克的唯物主义展开的批判,其结论的瑕疵在哲学史上已有定论,但第一性的质与第二性的质之区分的不可能性的结论也

---

① [英]洛克:《人类理解论》,关文运译,北京:商务印书馆,1959年版,第100—101页。
② 亓学太:《观念与世界:洛克与贝克莱的分歧与回应》,《社会科学》2011年第4期,第131—136页。

可视为定论。休谟的怀疑论对洛克哲学进行了更为中肯的质疑,他表明经验在感官上直接给予我们的不过是一连串的事物,而不是真正的必然联系。在休谟的基础上,康德把第一性的质和第二性的质演变为物自体与表象(现象)的差别。对康德而言,表象包括感觉、直观、概念和理念,因此存在于感性、知性和理性中。表象提供判断中的被综合的要素。一棵树是表象,一个人也是表象,概念是表象,范畴也是表象。表象像感觉一样是短暂的和转换的,像时空中的对象一样是坚实的和客观的,相当于康德哲学中的"现象"或"观念",是超越经验可能性的,在此意义上,与经验主义的观念迥然不同①。但康德令叔本华不满的地方仍然在于他保留了柏拉图以来的二元论的尾巴,因为他的物自体也属于一种实体,一种自在的客体,这是"梦呓中的怪物;而承认这种怪物就会是哲学里引人误入迷途的鬼火"②。

叔本华自信地认为,他从康德出发对于发端于笛卡尔的难题迈出了关键性一步,并且给予了终极解释。他把所有的存在和认识还原为自我意识的两个要素,即表象和意志,这两个要素的解释是直接的,并因此是最终的。"虽然绝对实

---

① [英]尼古拉斯·布宁,余纪元:《西方哲学英汉对照辞典》,北京:人民出版社,2001年版,第1064页。
② [德]叔本华:《作为意志和表象的世界》,石冲白译,北京:商务印书馆,1982年11月版(2017.11重印),第28页。

在的或说自在之物本身是永远不会从直接外在,通过只是头脑表象的路径呈现给我们,因为这不可避免地存在于这些表象的本质,所给出的也永远只是观念性的东西;而在另一方面,正因为我们本身毫无争议是实在的,所以,对实在之物的认识就必然以某种方式进入我们的意识,也就是意欲(即意志,下同——伍按)……实在的与观念的分界线就取消了,以致整个生动和客观展现出来的世界,包括一个人自己的身体,连同空间、时间和因果……就作为表象属于观念之物;但唯独意欲是实在之物……唯独意欲和表象……构成了这世界所有事物中终极和根本的对应,除此之外,别无其他。那在头脑中留下了表象的事物和有关事物的表象认识是同一样东西,但那也只是留下了表象的事物,而不是自在事物本身。这自在之物永远是意欲,不管意欲在表象中呈现何种形态。"①一言以蔽之,"这世界的一面自始至终是表象,正如另一面自始至终是意志"②。

(二)命题内涵及证明

为了证明"世界是我的表象"这一命题,叔本华首先阐述

---

① [德]阿图尔·叔本华:《附录和补遗》(第1卷),上海:上海人民出版社,韦启昌译,2019年版,第24—25页。
② [德]叔本华:《作为意志和表象的世界》,石冲白译,北京:商务印书馆,1982年11月版(2017.11重印),第28页。

了一种先验唯心主义的立场。这种立场认为表象世界具有根本的、必然的、无法分开的两半,一半是客体,另一半是主体。客体的形式是时间和空间以及通过时空而产生的杂多现象。主体不在时空之中,因为主体在任何一个进行表象的生物中都是完整未曾分化的。我们从来不认识主体,但主体却永远在认识着其他可被认识的事物。表象的两面不可分,"存则共存,亡则俱亡";又互为限制"客体的起处便是主体的止处"。① 这种认识来源于康德。康德认为,空间、时间和因果关系先天地存在于我们的意识之中,叔本华在他的博士论文《充足理由律的四重根》中做出了详细的阐释。他证明了存在的充足理由律②的四种形式:时间、空间、因果律和动机律,以及与此四种形式相一致的四重必然性:逻辑的必然性、物理学的必然性、数学的必然性和道德的必然性。他的结论是:"不论时间还是空间中存在的每一事物,都是以其他事物为理由而存在的。然而,充足理由律在自身的一切形式中都是一个先验的东西:这就是说,它的根源存在于我们理智之中,因此,它绝不能被用于现存事物的总体,不能被用于宇

---

① [德]叔本华:《作为意志和表象的世界》,石冲白译,北京:商务印书馆,1982年11月版(2017.11重印),第29页。
② sufficient reason,一般译为"充足理由律",石冲白根据德文译为"充足根据律",参阅[德]叔本华:《作为意志和表象的世界》,石冲白译,北京:商务印书馆,1982年11月版(2017.11重印),第31页。

宙,包括使充足理由律得以在其中把自身呈现出来的理智。因为像这样一个借助于先验形式而使自己呈现出来的世界,恰恰因此而是一种单纯的现象;所以,作为这些先验形式的结果而适用于这个现象的东西,却不能用于这个世界本身,即不能用于自在之物,以及这个世界的表象本身。"[1]在《作为意志和表象的世界》中,叔本华增加了很重要的一点,那就是适用于在表象世界所发现的一切变化的因果关系,应该避免归于主体和客体之间的关系,否则就会导致实在论的教条主义(主张表象是为实在客体的反映)和怀疑论(主张不可知论),这是叔本华所反对的。[2] 在他看来,对充足理由律首先要说明的是它仅仅适用于表象。

由此叔本华把表象区分为两类:直观表象[3]和抽象表象。直观表象包括整个可见的世界或全部经验和经验形成的条件。抽象表象即概念,概念来自理性,由于只有人类才有理性能力,所以,西方一向把概念称为理性。

叔本华重点讨论了直观表象。在康德那里,时间和空间

---

[1] [德]叔本华:《充足理由律的四重根》,陈晓希译,北京:商务印书馆,1996年版,第164页。
[2] [美]S.杰克·奥德尔:《叔本华》,王德岩译,北京:清华大学出版社,2019年版,第66页。
[3] ideas of perception,刘大悲译为"知觉表象",参阅[德]叔本华:《作为意志和表象的世界》,刘大悲译,哈尔滨:哈尔滨出版社,2016年版,第6页。

是纯粹的,没有内容,这种先验的形式属于直观形式,但在叔本华看来,时间和空间还有另一种性质,即它们也是"存在者的基础"。时间是片段的连续,空间是位置的彼此限定,而在时空形式中,最能体验到自己的内在本性。因为在时间中,"只有后一刹那排除前一刹那,每一刹那才是它的产生者,而它本身也会很快地又被另一刹那所消灭。"①恰如"子在川上曰,逝者如斯夫,不舍昼夜!"(《论语·子罕》)。不但时间如此,空间以及所有从原因和动机产生的东西,也只有相对的存在,都处于运动和变动不居状态。在西方思想史上,赫拉克利特、柏拉图、斯宾诺莎、康德都揭示过世界绝对运动的一面,然而他们的目的仅仅在于表达世界的客观存在状态。叔本华不仅看到了世界存在的本质,而且做出了悲观主义的价值判断。他把变动不居看作古代印度的《吠陀经》《布兰经》以及对《吠陀经》进行解释的《奥义书》中的"摩耶之幕"(Veil of Mäyä)。按照有些理解,这种"摩耶之幕"属于蒙蔽人们的欺骗性屏障,使其无法看清自己的真实处境②。但这种欺骗也并非不可冲破,通过自我意识中的"优越意识"(Besseres

---

① 参见[德]叔本华:《作为意志和表象的世界》,刘大悲译,哈尔滨:哈尔滨出版社,2016年版,第7页。
② 参阅[德]叔本华:《作为意志和表象的世界》,石冲白译,北京:商务印书馆,1982年11月版(2017.11重印),第31页;以及[美]彼得·刘易斯:《悲观的智者:叔本华传》,沈占春译,桂林:漓江出版社,2019年版,第94页。

Bewusstsein)的启蒙,能够撩起、刺穿和看透它,因为在认识论中自我意识有着两种截然不同的态度,即"优越意识"与"经验意识",从而形成价值论中两种不同的价值取向,最终在伦理学中体现为两种不同的价值行为。"优越意识"拥有真实的价值,而其实现手段便是"意志"。[①] 具体而言,即通过更丰富的知识或者审美来达成。在这样的状态中,"我成为完全的、彻底的认识主体,换言之,当我专心致志于知识时,我感到巨大的幸福、完全的满足,什么都不能困扰我。"[②]

时间和空间可以离开物质而在心理上表现出来,但物质不能离开时间和空间。物质通过因果关系,即活动,组构成物质的本质或"真实"。物质从两者中获得无限的可分性,因而也才有永久性。因果关系的正常作用,完全限于确定何种东西应该占住这个时间和空间。时空先天知识形式的性质决定了物质的性质。在叔本华看来,物质和因果性实际上是一回事,它们与主体的对应物是悟性[③]。悟性的第一个作用

---

① 杨宗伟:《论青年叔本华的"优越意识"概念——从德国哲学意志论转向的视角来看》,《世界哲学》2019年第4期,第91—98页。
② 转引自[美]彼得·刘易斯:《悲观的智者:叔本华传》,沈占春译,桂林:漓江出版社,2019年版,第95页。
③ understanding,石冲白根据德文译为"悟性",参阅[德]叔本华:《作为意志和表象的世界》,石冲白译,北京:商务印书馆,1982年11月版(2017.11重印),第37页;刘大悲译为"知性",参阅[德]叔本华:《作为意志和表象的世界》,刘大悲译,哈尔滨:哈尔滨出版社,2016年版,第11页。

便是对现实的直观,即从效果中认识原因,因此直观都是理智的。悟性是对动物而言的,因为动物的身体是主体的直接客体,身体所接受的变化都是直接认识和感觉到,不需经过抽象概念的推理、反省思维,因而属于纯粹的悟性认识方式,没有悟性,就没有直观。当然,眼、耳、鼻、舌等身体器官感觉到的,还不能称为直观,这些感觉只有在时间和空间中,经过因果关系,统一于物质这个表象中,才是悟性。"这作为表象的世界,正如它只是由于悟性而存在一样,它也只对悟性而存在。"①比如,先天的盲人经过治疗之后初见光明的一刹那,他的两眼所看到的只是单一的视像,这种视像不过属于生物刺激感应,没有正常视觉所产生的双重视像或双重触觉,也就是感性和理智的结合。叔本华坚持直观和经验都要依靠根据律(理由律)的认识,而不是像休谟的怀疑论所认为的相反情形,即认识依赖经验。

但叔本华指出,直观由因果性的认识成立并不能就此认为客体和主体之间也存在着原因和效果的关系,无论独断论(费希特)还是怀疑论(休谟)的实在论者,所犯的均是这样的错误,他们将理由律的有效性扩充到主体上。具体来说,独断论将表象作为客体的效果看待,把原本一体的客体和表象

---

① [德]叔本华:《作为意志和表象的世界》,石冲白译,北京:商务印书馆,1982年11月版(2017.11重印),第38页。

拆开,假定有一个和表象完全不同的原因,有一种不依赖于主体的自在客体。怀疑论则认为人们在表象中只看到效果,根本不存在什么客体。叔本华对这两种观点进行修正:"第一,客体和表象是一样的;第二,知觉(即直观)对象的真正内容是它本身的活动。"[①]所以,作为表象的世界完全由主体决定,但表象并非幻想或纯粹的外部表现。世界的一系列表象的共同联系是充足理由律(根据律)。

对充足理由律与表象、客体与主体间关系以及感性直观的性质的思考不仅仅是哲学思考的范围,在人类的经验领域,尤其在文学艺术领域,也从来就是一个挥之不去的话题,比如梦与人生的关系问题。如果按照康德的说法,梦是梦,人生是人生,"表象相互之间按因果律而有的关系,将人生从梦境区别开来"[②]。也就是如果将人生比作一场大梦的话,遵守因果律的联系,但真正个别的梦,这种联系是不存在的。康德代表着理性思考的结论,但千百年来,人们的感性经验并未屈服理性的思考,不唯诗人高歌"人生如梦,一樽还酹江月"(苏轼《念奴娇·赤壁怀古》),普通人也常常慨叹"大梦谁先觉,平生我自知"(罗贯中《三国演义》载诸葛亮所吟诗歌)。

---

① [德]叔本华:《作为意志和表象的世界》,刘大悲译,哈尔滨:哈尔滨出版社,2016年版,第13页。
② [德]叔本华:《作为意志和表象的世界》,石冲白译,北京:商务印书馆,1982年11月版(2017.11重印),第43页。

何以如此呢？叔本华提供了自己的看法，他认为，就像一本书的每一页，如果连续阅读叫作现实生活；有时随便翻翻，有读过的，有未读的，但总之还是这一本书，一本书也可视为最大的一页书。梦如现实生活的随便翻翻的书页，是现实生活的隔断，但无论如何都在生活之内，双方的本质不存在根本性区别，"不知周之梦为蝴蝶与，蝴蝶之梦为周与？"（《庄子·齐物论》）可以看出，在叔本华这里，梦与生活都是表象，都是主体的客体，就连自己的身体也是如此。"身体对于我们的是直接的客体……是认识时的出发点……"[①]但这也是有条件的，即第一，从客体方面看，物体与物体须有相互作用的可能；第二，从主体方面说，身体须有悟性，因为认识只对悟性有效。所以身体作为真正的客体，是在身体的一部分作用于另一部分时认识的。自己的身体并非普通肉体感觉就能认识，它只能通过认识，在表象中，也就是通过大脑，身体才显现为空间中展开的具有各种肢体的有机体。动物和人类，身体都具有悟性，不过在敏锐程度、知识范围，悟性又有区别。无论程度差异如何巨大，悟性还是悟性，是简单的认识能力、感觉的认识加工，还不属于理性。但一切的哲学反思意识、科学研究行动都需从悟性直观出发。悟性认识沉淀于概念

---

① ［德］叔本华：《作为意志和表象的世界》，石冲白译，北京：商务印书馆，1982年11月版（2017.11重印），第47页。

中,由理性加以固定,就形成"精明""敏锐的洞察力"或"智慧"。如果缺乏悟性,就是痴呆,也就是缺乏因果能力,不了解现象间的联系,换句话说,缺乏理解力。所以瞎想、本能,相信魔术和奇迹,并不是真正的悟性直观。

人类的哲学体系,要么从客体出发,要么从主体出发。从客体出发的有四类。第一类从现实世界这一客体出发,包括泰勒斯、伊翁尼、伊壁鸠鲁、布鲁诺以及法国唯物论者等等。第二类从实体概念这一客体出发,包括斯宾诺莎和埃利亚学派等。第三类从具体的对象如时间或数这样的客体出发,毕达哥拉斯学派和中国的《易经》等属于这一类。第四类从上帝或意志这样的客体出发,经院学派是其代表。四类之中,唯物论最为典型。唯物论肯定物质和时空,但割裂同主体的关系,把因果律当作事物的现成秩序,当作永恒真理,人的所有认识行为只在于寻找物质的最后要素。叔本华认为这种见物不见人的哲学观的荒唐之处是把客体事物作为说明依据。在叔本华的唯心主义看来,如果撇开主体,一切客体事物便完全消失。一切狭义的科学,由于以唯物论为指归,虽能建构系统的知识,但永远达不到最后的目标,也无法对世界提出圆满的说明,因为科学知识无法抵达世界最内在的本质,不能超出表象之外,而仅仅是教导人们认识表象间的相互关系。

从主体出发的哲学很少,叔本华认为只有唯一的一个,那就是费希特哲学,而且还是冒牌的,因为费希特的"自我"学说虽从康德主体哲学出发,但也仅仅对主体感兴趣,在根本问题上仍然未脱离唯物论的窠臼。固然,费希特一反西方哲学常态,既不从主体出发,也不从客体出发,而从主客同一的"绝对"出发,承认客体由主体产生,或根据充足理由律从主体演化而来。但他没有意识到,试图把主客结合在一起的同一哲学,实际上等于承认,主客曾经是分离的。

与费希特相同的是,叔本华也主张既不从客体,也不从主体出发,但更引人注目的是他们之间的区别,即叔本华主张从表象出发,把表象看作意识的第一个事实。他自信这种方式使得他的哲学方法超越以往所有哲学系统,因为这些哲学忽视了理由律只对表象世界有效,对物自体,对内在本质则不适用。理由律不触及主体,只是客体的形式。

这样,我们可以看出,表象,从其构成方式看可以分成三类。从客体方面看,可以还原为时间、空间和物质;从主体方面看,可以还原为纯粹感性和悟性(即因果性认识),此外还有一类是单单属于人类的,这就是"反省思维"(reflection)。反省思维虽是从悟性直观引申而来,但加入了理性的反照,这是人与动物相区分的根本。悟性只有一个功能,即直接认识因果关系;理性也只有一个功能,即构成概念的能力。动物有悟性,但无理性;人既有悟性也有理性。语言是人类理性的第一个产物,是最常见的概念,在古希腊,语言和理性均

用 λόγos(逻各斯)表示,意为"先天地听";唯有通过语言,理性才能完成真理的传达、合作的行动,构建文明、走出迷信等等行为,因此我们也把人与动物的区分定位在是否能够使用语言,尤其是复杂的语言系统。理性所传达的都是抽象概念,只能被思维,不能加以直观。概念表象和直观表象虽有根本区别,但前者对后者又有一种必然的关系,即概念表象离不开直观表象,因为反省思维是直观世界的摹写、复制,因此叔本华形象地把概念叫作"表象之表象"①。

理性并不增加新知识,但它改变知识的种类,把直观表象改变为抽象知识,这种抽象知识在人类应用方面相当重要,能对生活有全面的概览。人和动物的差别就好比一个航海家与没有受过任何训练的水手之间的关系,航海家借助航海图、罗盘、象限仪随时随地知晓航线和位置,而水手只看见波涛和天空。

这样,人类实际上过着两种生活。第一种生活,与动物一样,必须奋斗、受苦,然后死去,成为具体功利的牺牲品;第二种生活,与动物不同,即抽象的生活,人类凭借理性,对具体生活进行反省,产生了特有的恬静心境,哲学、道德、艺术、科学等等活动端赖这种心境而成立。但人类生活并未如愿

---

① [德]叔本华:《作为意志和表象的世界》,石冲白译,北京:商务印书馆,1982年11月版(2017.11重印),第75页。

以偿地永远幸福,原因在于生命的烦恼并不完全来自匮乏,而是来自求而不得。知识学基于第二种生活,竭尽全力靠着理性的思考,试图找出一条良好的出路,但失败的多,成功的少,原因何在呢？在于决定痛苦的不是表象,而是意志。

二、世界作为意志而存在

（一）命题的知识发生学

在初步阐明世界作为表象存在之后,叔本华抛出了一个难题：

"我们要问这世界除了是表象之外,是否就再没什么了；——如果真是这样,这世界在我们面前掠过,就必然和无实质的梦一样,就和幽灵般的海市蜃楼一样,不值得我们一顾了——；我们要问世界除了是表象之外,是否还有什么,如果有,那又是什么。"[①]

他借第一部分已经讨论到的身体描述道：

> 对于这一纯粹的认识着的主体,身体也是表象之

---

① [德]叔本华：《作为意志和表象的世界》,石冲白译,北京:商务印书馆,1982年11月版(2017.11重印),第148页。

一,无异于其他表象,是诸多客体之一。这个身体的活动和行为的意义,如果不是以完全不同的另一方式来揭穿谜底的话,对于这一主体将无异于它所知道的一切其他直观客体的变化,也将是陌生的,不可理解的。否则,他将把自己的行为看作动机的结果,遵循永恒不变的自然法则,就像其他客体的变化,随原因、刺激、动机而变化一样。但是,他对动机影响的理解,不会比对任何其他出现在他面前的因果联系的理解更深入。[1]

按照克里斯托弗·贾纳韦的理解,"叔本华提出这个难题,就是想让我们接受全书的核心思想"[2]。也就是,决定身体的究竟是什么,谜底就是:意志。"这,也唯有这,才给了这主体理解自己这现象的那把钥匙,才分别对它揭露和指出了它的本质,它的作为和行动的意义和内在动力。"[3]这就是第

---

[1] [德]叔本华:《作为意志和表象的世界》,石冲白译,北京:商务印书馆,1982年11月版(2017.11重印),第148页。译文据英文版有较大修改,参阅 Arthur Schopenhauer. *The World As Will and Representation*, trans. by E.F.J.Payne, New York:Dover Publications,Inc. 1969.pp.99 - 100.

[2] [英]克里斯托弗·贾纳韦:《叔本华》,龙江译,南京:译林出版社,2014年,第33页。

[3] [德]叔本华:《作为意志和表象的世界》,石冲白译,北京:商务印书馆,1982年11月版(2017.11重印),第150页。

二篇的命题:"世界作为意志"——叔本华的意志论正式登台亮相。但我们切勿被哲学家一贯的略带夸张的修辞风格所迷惑,以为意志论到他手里才空降到大地上。实际上,像表象理论有着自己悠久的知识发生史一样,在西方,意志论同样如此。

所谓意志论(源自拉丁语 voluntas,"意志"或"意欲")"指把意志概念作为核心解释原则和哲学立场。意志是一切本质秩序和道德规则的根源。有意义的都是被意欲的。相反,理智从属于意志,甚至被当作无用的东西而被否定。意志是比理智更高的一种能力。在西方哲学中,意志论传统和非理性主义传统紧密相连。……在不同的领域,它有不同的表现形式,例如,宣扬相信就是意志的'信念意志论';提出意志是道德价值最终来源的'伦理意志论';主张意志是实在的终极本原,并否定决定论和理智论的'形而上学意志论';认为宗教信念不由理智决定,并断言上帝的意志是道德律令的'神学意志论'或'有神意志论'。"①在叔本华以前,与非理性主义相关联的意志论并未成为西方哲学的主流。

从西方哲学史看,人类早期为了获取生存资源,哲学关注的目光不得不大量投注到对自然的认识、把握,因而形成

---

① [英]尼古拉斯·布宁,余纪元:《西方哲学英汉对照辞典》,北京:人民出版社,2001年版,第1063页。

了自然哲学,最初的哲学家们也常常是自然科学家,泰勒斯、毕达哥拉斯、德谟克里特等莫不如此。到苏格拉底,哲学有了一个人文化转向,他把哲学从天上拉到了人间。苏格拉底主张哲学的研究对象应当是人,是人的心灵,他借古希腊德尔菲神庙上的一句神谕"认识你自己"($γνωθι\ σεαυτόν$)表达这一立场。不过,正如我们所知道的,苏格拉底所谓的"人"等同于理性,离开了理性,人不成其为人,如女人、奴隶在他那里就不能纳入真正人的范畴。这种理性主义的观念经由柏拉图、亚里士多德的强化,成为此后西方知识领域不可割裂的隐秘意识。历经一千多年的中世纪,随着神学知识泛滥为社会共识,人们对自然和理性的兴趣逐渐被教会的神恩真理取代。柏拉图的理念、亚里士多德的形式镶嵌进神学知识体系,理性之光被封存在经院哲学的故纸堆中。十五、十六世纪,文艺复兴的到来,哲学恢复发展了古代的自然意识和理性认知,以服务于资产阶级征服自然、支配自然的愿望。这一时期,不仅自然被理解为活的、变化的存在,人也是自然的一部分。十七世纪,科学知识逐步代替古典朴素的自然知识和神学知识确立了自身的绝对领导地位。牛顿、斯宾诺莎、笛卡尔把理性与科学结合起来,也使接下来的十八世纪成为理性的世纪,这个世纪,哲学的基本特征和最高成就就是理性的普遍化。知识的普遍化和概念化在德国古典哲学中达到高峰,康德哲学是其代表。康德一方面对人类的知识体系进行全面批判,确定理性在知识活动中的地位、范围和限度,并提出"物自体"是人类理性无法窥视的著名论题;同时,康德又提出时间、空间和因果性等先验范畴,使思辨理性成为合理的存在。康德的理性哲学经由费希特、谢林,直到黑格尔完成其理性哲学的包罗万象的体系。黑格尔为了保持理性绝对自明性,不仅删除了隐含着康德理性不安的"物自体",而且把理性从个人上升为集体行为,以同一性辩证法确定理性的最高境界为国家以及国家意识。[1]

众所周知,西方很早就形成了互相涵容的两个传统:希腊文化和希伯来文化。但正如我们刚刚浮光掠影地梳理过的西方的理性传统,实际上它在文化属性上偏向于希腊文化,相对而言,希伯来文化则更崇尚非理性,突出人的情感、意志和信仰等等。漫长的中世纪,非理性曾以神秘、荒诞等形式在基督教哲学和文化中得到保存和发扬,甚至超过理性,占据统治地位。按理说,作为非理性内在规定性的意志论应当大有市场,然而事实并非如此。比如最先论述过意志问题的教父哲学家奥古斯丁眼里的意志,不过是理性代名词的上帝意志,人无任何主动性可言。[2] 显然,在一种以"求知"

---

[1] 参阅李淑英:《评叔本华的意志本体论》,《中国人民大学学报》1990年第2期,第48—54页。

[2] 参阅李淑英:《评叔本华的意志本体论》,《中国人民大学学报》1990年第2期,第48—54页。

为最高目的,以"解释世界"为主要使命的知识框架内。与理性相对的人的意志,长期匍匐于知识论哲学的脚底下,不能得到承认;与意志密切关联的人的生存状况和人生意义,则被遗忘或忽略。因此,尽管有许多思想家、哲学家像奥古斯丁一样曾论及意志,但往往片面强调理性,贬抑意志的地位和作用,这种意志的言说,可以归结为"抽象理性主义意志理论或知识意志论"[1]。

经过笛卡尔,到黑格尔手里,理性以及基于理性的知识意志论,由一种手段和方法变成目的,从前的理性也一跃而成理性主义。"理性主义在理性反思而非经验观察中寻找知识(甚至是关于'可感'事物的知识)的钥匙……力求寻找关于探究的先天原则。这些原则将会产生(如几何学公理)必然的、普遍的真理。"[2]笛卡尔向来被视作近代理性主义的创始人,他的"我思"本质在于自我证明,实际上是在探究心灵内容的确定性,而这背后的逻辑则是"第一人称特权"的确认。但第一人称特权赋能的直接确定性与所有有形事物的不确定性形成了对比,这一对比支持这样的观点:"我是一个

---

[1] 张明仓:《意志论:当代哲学的一个重要生长点》,《天津社会科学》2001年第6期,第33—37页。
[2] [英]罗杰·斯克拉顿:《现代哲学简史》,陈四海,王增福译,南京:南京大学出版社,2013年版,第35—36页。

非物质的、实体性的存在,偶然的和暂时的与使我得以行动的身体相关联。我是一个实体,但不是有形的实体,我对于自身意识内容的特定觉知(awareness),在某种程度上正是试图通过这一点得到解释。"①这里面隐含着理性主义无法摆脱的困难,即心灵与身体二元论,这也导致笛卡尔无法解释心灵的事物如何与有形实体相互作用,无法解释偶然真理的本质和可能性。理性主义的集大成者黑格尔,不仅取消了康德的物自体,也取消了笛卡尔的第一人称立场,他构建了理性辩证法,这种辩证法从直接的存在出发,通过所有对存在的规定共同构成实在,以便在绝对思想中达到圆满,用一个著名的短语来说就是:"现实的就是合理的,合理的就是现实的。"由此,笛卡尔的"我思"被放大为精神现象学中的"自我"(当然经过了费希特的改造),一种普遍的、肯定的精神(Geist),虽然是你我都参与其中的客观世界中的现实化过程的东西,但是却超越了局部表现形式。经由理性辩证法的精巧,表面上的偶然性被当作了事实上的必然性,任意和扩散的也被视作直接的和整体的,也就是一切都被理所当然的理性纳入了无限同一的整体之中。然而这种理性的狡计,表现出不可容忍的冷暴力,它以非神学的耐心建构一个现代

---

① [英]罗杰·斯克拉顿:《现代哲学简史》,陈四海,王增福译,南京:南京大学出版社,2013年版,第36页。

上帝的不可能性——这是一个文明的危机,因而常常被人痛骂为"最大的理智灾难"[1]。到了此时,叔本华的非理性主义意志论水到渠成地出场了。

(二)"世界作为意志"的内涵及证明

与叔本华同时代的德国哲学名流谢林、费希特、黑格尔等都曾宣称自己是康德的真正继承人,但在叔本华看来,无论是费希特的主体,还是谢林的绝对同一性,抑或黑格尔的绝对精神,都曲解了康德的伟大之处。尤其是G.E.舒尔策等人混淆"康德的表述与问题的本质",以为驳倒了表述也就驳倒了康德哲学的本质,把康德针对人的议论视为针对事物本身的观点,从而"宣告康德哲学是站不住脚的"[2]。但叔本华敏锐地认识并肯定了康德哲学的两个突出贡献,一是他的"先验辩证法"。"康德以这个辩证法极大地动摇了思辨神学和心理学的基础,自此以后,哪怕人们很想再度树起这个思辨神学和心理学也无能为力了。"[3]也就是说,"康德剥夺了宗

---

[1] [英]罗杰·斯克拉顿:《现代哲学简史》,陈四海,王增福译,南京:南京大学出版社,2013年版,第178—180页。

[2] [德]阿图尔·叔本华:《附录和补遗》(第1卷),韦启昌译,上海:上海人民出版社,2019年版,第114页。

[3] [德]阿图尔·叔本华:《附录和补遗》(第1卷),韦启昌译,上海:上海人民出版社,2019年版,第118页。

教信仰一直拥有的哲学支持,解放了这位'神学的婢女'。"①二是他的"物自体"。尽管柏拉图在此之前已经意识到感官可见的世界并不真实,把世界的真正本质、"所有事物的原型"归结为理念的世界,然而康德对"现象和物自体"的区分仍然是西方近代最主要的哲学成就,也是康德最重要的哲学贡献。而另一方面,叔本华又指出康德关于"物自体"推论的缺陷。叔本华认为,康德从来没有把物自体作为一个特别分析和明确论述的对象,在康德那里包括因果在内的范畴只能用于经验方面,是知性的形式,起着拼合感性世界的作用。他严格禁止将范畴用于经验彼岸的事物,但康德在具体的谈论中又常常前后矛盾,这使得他的哲学在遭到批评时毫无还手之力。叔本华指出:

> 这是因为我们固然是完全先验地,并在一切经验之前,把因果律用于我们感觉器官所感到的变化上,但正因此因果律的来源同样是主观的,无异于这些感觉本身,所以并不导致自在之物。事实是,人们在表象的道路上决不能超越表象。唯有我们自己的本质的另外那

---

① [德]阿图尔·叔本华:《附录和补遗》(第2卷),韦启昌译,上海:上海人民出版社,2020年版,第402—403页。

一面才能向我们揭示事物自在的本质的另外那一面。[1]

这样,在神义论的基础上叔本华建立了人义论的标准,康德的"物自体"也就华丽地转身为意志,并以之表示世界的本质。

那么,叔本华所谓的"意志"究竟是什么呢?

正如此前梳理理性和意志的知识发生史所显示的,在叔本华之前,尤其与叔本华同时代的黑格尔为代表的理性主义用理性统辖意志,实际上暗含着传统二元论的核心观念,即将精神或灵魂与身体对立,意志是精神行为,身体运动是发生于身体上的、区别于精神行为或意志的另一种活动。叔本华是反二元论的,试图把意志和理性的关系颠倒过来,以意志统辖世界,从而消除二元论。他指出:

> 意志活动和身体的活动不是因果性的韧带联结起来的两个客观地认识到的不同的情况,不在因和果的关系中,却是二而一,是同一事物;只是在两种完全不同的方式下给予的而已:一种是完全直接给予的,一种是在直观中给予悟性的。身体的活动不是别的,只是客观化

---

[1] [德]W.阿本德罗特:《叔本华的〈世界是意志和表象〉述评》,壬六译,《哲学译丛》1982年第6期,第54—59页。

了的,亦即进入了直观的意志活动。①

叔本华要表明的是,意志行为应被看作身体活动,而并非毫不相关的事件。身体既是一种表象,也是意志活动,这种两面性共同构成意欲的单一事件。叔本华把人类主体从虚无缥缈的神灵世界拉下,放置到物质之中。我们经历七情六欲,身体根据需要产生各种无意识的功能行为,都不过是意志的表现。

> 所以身体各部分必定完全符合意志赖以表现的主要欲望;必然是这些欲望的可见表现。牙齿、咽喉、肠子是客观化的饥饿;生殖器是客观化的性欲;抓握东西的手和疾走的足符合它们所表现的间接欲望。正如人类身体的形状往往符合人类的意志一样,个人的身体结构也符合有限的个别意志,因此符合个人的性格。②

所以,某种意义上可以说,在现实的具体行动中欲求与行为是同一的,只有在事后的理性反思中,二者才被区分开

---

① [德]叔本华:《作为意志和表象的世界》,石冲白译,北京:商务印书馆,1982年11月版(2017.11重印),第150页。
② [德]叔本华:《作为意志和表象的世界》,刘大悲译,哈尔滨:哈尔滨出版社,2016年版,第58页。

来。在叔本华看来,每一个真正的意志活动都是无中介的身体活动,而施加于身体的作用也是对于意志的作用,我们感受到痛苦,这是与意志相违背,感受到快感或适意则是与意志相切合。所以,"身体本身就是意志;具体而言,身体是生命意志的表现,是一种盲目奋斗,一种位于有意识的思维和行为层面之下的盲目奋斗,其目的是保存生命,再次孕育生命"[①]。因此,一般视苦乐为表象的看法并不合理,苦乐是合适或不合适在身体和意志上的同时传达。人们对于自己意志的认识虽是直接的,但又与对于自己身体的认识无法割裂。人们是在时间中认识意志,而时间是身体现象的形式,也是任何其他客体的形式,因此,身体是我们认识自己意志的条件。没有身体,不能想象意志。这样,当我们把自己的意志当作客体来认识,也就是把它当作身体来认识时,主体和客体融合为一。但是这种同一性又不能在理性的范围内加以证明。它不能归于逻辑的、经验的、形而上的、超逻辑的真理中。既不是一种表象对另一种表象的关系,也不是一个抽象表象对直观表象的形式关系;而是对关系的判断,这种关系乃是一个直观表象,即身体对一个根本不是表象,与表象在种类上不同的关系,即意志的关系。这是一种特殊的关

---

① [英]克里斯托弗·贾纳韦:《叔本华》,龙江译,南京:译林出版社,2014年版,第35页。

系，如若不在这一特殊关系中，身体对于认识着的主体也只是一个表象，与其他表象并没有什么差异。叔本华把这种真理叫作最高意义上的"哲学真理"[①]。

叔本华是从康德的物自体推论出意志的。"一切表象，不管是哪一类，一切客体，都是现象。唯有意志是自在之物。"[②]叔本华认为，一般情况下，名称不过一个符号罢了，他也曾打算保留康德"物自体"（自在之物）这一著名概念，但为了从优命名，他把"自在之物"（物自体）改为"意志"，"意志"这个概念就获得了比它前此所有的更为广泛的范围了。在过去，人们常常把"意志"附属于"力"这一概念之下，叔本华反其道而行之，把自然界中每一种力都设想为意志。"力"这个概念在传统哲学的因果关系之中，与其他概念一样仅仅是概念表象。但在叔本华的哲学体系中，意志是唯一不在现象中，不在单纯直观表象中的概念，它与自己的根源——内心——一样是人的直接意识。因此，如果我们像过去那样把意志附属于"力"，那么我们就剥夺了自己唯一的直接认识。

叔本华借用当时经院哲学关于时间、空间的个体化原理

---

① ［德］叔本华：《作为意志和表象的世界》，石冲白译，北京：商务印书馆，1982年11月版（2017.11重印），第153页。

② ［德］叔本华：《作为意志和表象的世界》，石冲白译，北京：商务印书馆，1982年11月版（2017.11重印），第163页。

的观点来区别意志。时间、空间固然是事物的先验本质,它们通过因果关系显现为个别和杂多性,与之相比,意志却不同,虽然它的每一现象仍然绝对服从理由律,但作为物自体,却是无根据的,在具体的理由律之外。只有在此认识的基础上,才真正懂得康德所谓的时间、空间和因果性与物自体无关,它们只是认识的形式。

但叔本华强调,虽然意志无根据,但个体行为并非自由的,因为意志的现象需要服从必然性。这是因为总体的意志固然是无往而不自由的,然而意志本身却常常由具有人格的个体体现出来,这已经是意志现象了,意志现象是服从理由律的。我们常常会产生疑问,既然意志是自由的,何以我们处处受到限制呢?这种疑问便来自对总体意志与个体现象化的意志的混淆,而这样的混淆并非毫无意义,恰恰相反,它是一个重要的伦理问题,叔本华在其后会有专门论述。

意志无处不在。意志是盲目的冲动,人和动物都由这样的冲动决定。意志在总体上没有差别,但其表象却有等级和阶梯,叔本华区分为四类:无机物、植物、动物、人类。蜘蛛织网、蚂蚁筑巢,是指向外界的营造冲动行为。人的消化、血液循环、分泌、成长等等也不过是盲目的意志现象。凡是属于身体的这些意志,其原因不过是刺激。植物也是如此,"植物所有的活动都是因刺激而发生的……凡在表象上作为植物,作为单纯的成长,作为盲目的冲动力而显现的东西,我们都将按其本质自身而认定它为意志"①。自然界中的力也是意志的体现。磁铁相吸、海盐结晶、物体下坠,这些没有器官,对刺激没有感应,对动机没有认识的物体,它们的运动也必须遵守意志的规律。

与动物或植物等有机物相比,自然界中无机物的本质也是意志的观点最易被人误解,在叔本华看来,原因在于两种意志的现象差异巨大,一种有完全固定的规律性,另一种则表面上看起来属于毫无规则的任意活动。动物,尤其是人,性格各异,但从动机不能完全预测其行为,自然力现象却没有个性,按普遍规律而起作用,可以窥一斑而见全豹。叔本华举例说,意志,在人类身上叫作性格,对石头而言则是性质,但无论如何都是意志,正如他在《自然界中的意志》中所申明的,决定自然的一切根本力量与决定人自身存在的东西完全一致,"并没有两种彼此完全不同的运动起源……一切运动只有一个始终如一的、普遍的和无一例外的原则,它们的内在条件就是意志"②。然而也是有区别的,区别就在于:"在石头中,意志最不容易被看到,因为客观性质最少;在人

---

① [德]叔本华:《作为意志和表象的世界》,石冲白译,北京:商务印书馆,1982年11月版(2017.11重印),第173页。
② [德]叔本华:《自然界中的意志》,任立,刘林译,北京:商务印书馆,1997年版,第95页。

类身上,最容易被看见,因为客观性质最多。"①这一区别对于理解叔本华的世界作为意志的观点至关重要。

叔本华从康德的观点出发,认为时间、空间和因果性不是物自体的规定,而是物自体成为表象之后附加上去的,即是说,时间、空间和因果性只隶属于现象而不是物自体本身。这样看来作为物自体的意志不是存在于时空中的某种东西,时空不过是主体强加给作为表象的世界的结构,而意志则是作为表象的世界被忘却时遗留的东西。"这个躲避根究的东西正是自在之物,是那本质上非表象、非认识的客体的东西;是只有进入那些形式才可以认识的东西。"②因此,我们要学会在本质上理解无机物那些看似最简单的、最寻常的运动,那些表现于自然界一切物体中无法判明的力,与意志的东西是同一的,只不过具有程度差异而已。"在这最低级别上,就好像是看到意志把自己表现为盲目的冲动,为一种昏暗无光的、冥顽的躁动,远离着一切直接认识的可能性。这是意志客体化最简单最微弱的一种。不过在整个无机的自然界,在一切原始的'力'中,意志也是作为这种盲目冲动和无知的奋斗而显现的;物理化学所从事的就是找出,这些原始'力'和

---

① [德]叔本华:《作为意志和表象的世界》,刘大悲译,哈尔滨:哈尔滨出版社,2016年版,第76页。
② [德]叔本华:《作为意志和表象的世界》,石冲白译,北京:商务印书馆,1982年11月版(2017.11重印),第178页。

认识它们的规律。"①但在我们的认识中出现的世界已经变成意志的另一面,即表象的世界。也就是说,世界原本只是意志,经过认识作用之后,现在则既是表象,又是认识着的主体和客体。因为人除了直观之外,还有不同于一般动物的反映直观的认识思维,也就是抽象概念的能力。虽然不管理性的认识也好,或只是直观的认识也好,都是一种辅助工具,一种"器械",它和身体的任何器官一样都是从意志自身产生的,但为了维系个体和种族存在,人形成了具有意志和认识相互交错的双重认识活动。这种双重认识使得人用知识包装,用伪装的本领掩饰,以致其真正本质不再像动物的生命意志那样赤裸裸地显露,而是偶然地显山露水。在这里,验知性格和悟知性格合二为一。所谓悟知性格即作为物自体而不服从理由律的意志;而验知性格则完全被悟知性格所规定。验知性格必须在一个生活过程中构成悟知性格的摹本,并且除了悟知性格的本质所要求外无所作为。不过这种规定只对如此显现的生命过程的本质方面有效,对于非本质的方面是无效的。所以,外来影响无论多么地诡谲多变,但验知性格仍然必须准确客体化悟知性格,因为后者常常使自己的客体

---

① [德]叔本华:《作为意志和表象的世界》,石冲白译,北京:商务印书馆,1982年11月版(2017.11重印),第215页。

化形式适应变化了的状态。①

叔本华因此批评唯物论,认为他们否认生命力,试图以物理和化学力量解释生命现象,把一切自然力量都还原为物自体的活动和反应。这种观点实际上预设了一切都可以得到解释和确立,最后仿佛天地万物都能简化为算术形式。但算术是一种主体的先天形式,因而绝对的唯物论会走向费希特那样的绝对的唯心论,即万物完全可以来自主体也只对主体而存在,最后,成为幻想与观念的形式,与物自体毫无瓜葛。

在叔本华看来,生命即意志,生命无法还原为机械的力,无法还原为唯一的力。我们阐释生命力,固然不得不使用、利用自然界中的一些"力",比如生命离不开热、电、能量等物理的力,但生命不是由这些力构成的,"正如铁匠不是锤和砧构成的一样。因此,即令只是最简单的植物生命,也绝不能以毛细血管作用和渗透作用来说明,如果是动物的生命那就更不必说了"②。因为生命无从还原为最后的原因,"物理学

---

① [德]叔本华:《作为意志和表象的世界》,石冲白译,北京:商务印书馆,1982年11月版(2017.11重印),第226—227页。
② [德]叔本华:《作为意志和表象的世界》,石冲白译,北京:商务印书馆,1982年11月版(2017.11重印),第205页。

需要原因,而意志绝非原因"①。也就是说,人身有化学反应和物理变化,但生命不能化约为生化反应和物理变化,我们绝不能基于有机体的某些"力"的痕迹去解释有机体,毕竟有机体不是力的联合活动偶然产生的,"而是一种以超越的同化作用高居这些低等理念之上的高等理念。因为在一切理念中,客观化的意志往往会再寻求最高的客观化,因此在这种情形下,经过一次冲突之后,就抛弃客观化的各个低等阶段,以便出现于高等阶段中,出现于更有力的阶段中"②。这说明意志没有等级,但意志的表现有等级,人处在等级金字塔的最高层。不过,叔本华同时也充分意识到,意志外在表现食物链式的等级制并不能割裂它们在表象层面的相互关系,因为,世界之所以是有机体,是因为客体化意志形态相互支持:人类需要动物的支持,动物在它们各个阶段中彼此支持,也有植物的支持;植物需要水土、化学元素及元素结合的支持,需要行星、地球绕太阳公转和自转、椭圆形曲线运动的支持。

经过以上的分析阐释,叔本华水到渠成地总结道:

---

① [德]叔本华:《作为意志和表象的世界》,刘大悲译,哈尔滨:哈尔滨出版社,2016年版,第84页。
② [德]叔本华:《作为意志和表象的世界》,刘大悲译,哈尔滨:哈尔滨出版社,2016年版,第89页。

我们生活存在于其中的世界,按其全部本质说,彻头彻尾是意志,同时又彻头彻尾是表象;就是说这表象既是表象,就已假定了一个形式,亦即客体和主体这形式,所以表象是相对的。……意志就是真正的自在之物。任何人都能看到自己就是这意志,世界的内在本质就在这意志中。同时,任何人也能看到自己就是认识着的主体,主体[所有]的表象即整个世界;而表象只是在人的意识作为表象不可少的支柱这一点上,才有它的存在。所以在这两重观点之下,每人自己就是这全世界,就是小宇宙,并看到这世界的两方面都完整地皆备于我。而每人这样认作自己固有的本质的东西,这东西也就囊括了整个世界的,大宇宙的本质。所以世界和人自己一样,彻头彻尾是意志,又彻头彻尾是表象,此外再没有剩下什么东西了。①

人和世界既是意志也是表象,归根结底是意志,这一本质规定人天然地奔走在追求、焦急和痛苦的大道上,未有善罢甘休的时候。具体体现为意志客体化在每一个阶段争夺其他阶段的物质、空间和时间,这是意志所需要的那种和自

---

① [德]叔本华:《作为意志和表象的世界》,石冲白译,北京:商务印书馆,1982年11月版(2017.11重印),第231页。

身的差异冲突。生命意志到处自我伤害,而且在不同的方式下成为自身的滋养品,最后提升到人类,因为人类压服了其他动物,"每个人都是一头狼"。不仅如此,每个目的的达成,又意味着新的追求过程的开始。永恒的变化、无限的流动,是意志内在本质显现时的特征。在人类身上,我们常常会产生种种误解,以为具体欲望满足就是意志的最后目的,但这不过是一种哄骗:

> 在一旦达成之后,愿望就不成为愿望了,很快的也就被忘怀了,作为古董了;即令人们不公开承认,实际上却总是当作消失了的幻想而放在一边[不管]了的。如果还剩下什么可愿望可努力的,而这从愿望到满足,从满足到新愿望的游戏得以不断继续下去而不陷入停顿,那么,这就够幸运的了。从愿望到满足又到新的愿望这一不停的过程,如果辗转快,就叫作幸福,慢,就叫作痛苦;如果限于停顿,那就表现为可怕的,使生命僵化的空虚无聊,表现为没有一定的对象,模糊无力的想望,表现为致命的苦闷。……每一个别活动都有一个目的,而整个的总欲求却没有目的。[1]

---

[1] [德]叔本华:《作为意志和表象的世界》,石冲白译,北京:商务印书馆,1982年11月版(2017.11重印),第234页。

如此，则人的意志就像被不断地抽打着的陀螺，使劲地旋转，从无停止的迹象，痛苦的眩晕无可逃于天地之间，但人们仍然渴望解脱，即便短暂的解脱也无不可，为此叔本华提出了几套方案，像专业人士那样投身哲学、宗教是其中的选项，而普通人也可以通过审美达成如此小而高贵的愿望。

三、世界作为表象再论：审美论

（一）理论来源：柏拉图的理念与康德的物自体

这一篇主要从讨论柏拉图的理念和康德的物自体开始，在此基础上阐释艺术作为直观世界究竟隐含着何种秘密。

叔本华认为，他的意志受益于或来自柏拉图的理念和康德的物自体，二者虽然并不完全相同，但非常相似，并且仅仅是由于一个唯一的规定才加以区别。

康德的物自体的旨趣和内蕴是：

> 时间、空间和因果性不是自在之物的一些规定，而只是属于自在之物的现象的，因为这些不是别的，而是我们"认识"的形式。且一切杂多性和一切生灭既不仅仅是由于时间、空间和因果性才有可能的，那么，杂多性和生灭也只是现象所有，而绝不是自在之物所有的。又

因为我们的认识是由那些形式决定的,所以我们的全部经验也只是对现象而不是对自在之物的认识。因此也就不能使经验的规律对自在之物有效。即令是对于我们自己的自我,这里所说的也还是有效的,只有作为现象时我们才认识自我,而不是按自我本身是什么来认识的。①

这一段话表明了康德"物自体"的三个特点:第一,物自体不受因果律支配;第二,物自体单一而永恒;第三,物自体不可认识。总之,物自体是一种神秘的不可知。

柏拉图关于理念的核心观点是:

世界上由我们的官能所觉知的事物根本没有真正的存在。它们总是变化着,绝不是存在着。它们只有一个相对的存在,只是在相互关系中存在,由于相互关系而存在;因此人们也很可以把它们全部[相互]依存叫作"非存在"。从而它们也不是一种真正的认识的对象,因为只有对于那自在的,自为的而永恒不变样的东西才能有真正的认识。它们与此相反,只是由于感觉促成的想

---

① [德]叔本华:《作为意志和表象的世界》,石冲白译,北京:商务印书馆,1982年11月版(2017.11重印),第238—239页。

当然的对象。我们既然被局限于对它们的觉知,我们就等于是黑暗岩洞里的人,被牢固地绑住坐在那里,连头也不能转动,什么也看不见;只有依赖于在背后燃烧着的火光,才能在对面的墙壁上看到火光和这些人之间出现着的真实事物的一些影子。甚至于这些人互相看到的,每人所看到的自己也只是那壁上的阴影而已。而这些人的智慧就是[能]预言从经验习知的那些阴影前后相续成系列的顺序。与此相反,因为永远存在却不生不灭而可称为唯一真正存在的,那就是那些阴影形象的真实原象,就是永恒的理念,就是一切事物的原始本象。杂多性到不了原始本象……因为它们是真正存在的,绝不和它那些行将消逝的摹本一样,有什么生长衰化。[在这两个消极的规定中必然包含这样一个前提,即时间、空间和因果性对于原象并无意义和效力,原象不在这些(形式)中。]因此,只有对于这些原象才能有一个真正的认识,因为这种认识的对象只能是永久和从任何方面看(即本身自在的)都是存在的东西,而不是人们各按其观点,可说既存在而又不存在的东西。①

---

① [德]叔本华:《作为意志和表象的世界》,石冲白译,北京:商务印书馆,1982年11月版(2017.11重印),第239—240页。

这一段概括了柏拉图理念说的三个要点:第一,世界由现象和理念构成;第二,现象的世界转瞬即逝,流动不居;第三,世界的本质是永恒的理念。

在叔本华看来,柏拉图和康德的观点其实很相似:二者都把可见世界看成外在的表现,其本身是一种空无,只有通过物自体或理念才能得到表现,也才具有意义和外在实在性。现象世界的一切形式,甚至最普遍和最根本的形式,也与真正存在的物自体或理念没有关系。叔本华举例说,假设我们面前有一只活生生的动物,柏拉图的反应是,这不是真正的动物,而是变换不定的相对存在,虽然也可以谓之存在,但不过是水中月镜中花的虚幻存在。唯有这只动物身上表现的理念才是真正的存在,才是动物本体,它不生变化,永无终止。康德的反应是,这只动物是时间、空间和因果关系中的现象,是相对于我们认识而存在的一个表象,是特定时刻的经验关联中的一个个体,它在这个世界中产生,也必将在这个世界中消失。要认识这只动物的本来面目,即独立于时间、空间和因果关系的动物,需要另外的知识,这种知识与我们通过感官及悟性(知性)得到的知识不同,它通过纯粹理性批判地获得,特殊情形下,也可通过知觉表现出来。

尽管如此,叔本华也认为二者之间存在不容忽视的区别:柏拉图的理念只是物自体直接的客体,即一种被认识了的东西,一种表象。正是在此意义上它与康德的物自体在看似极为相似的时候保持了一份区别,因为物自体只要不成为表象,未客体化,它本身就是意志。在叔本华看来,康德对物自体的理解存在缺憾和矛盾,他没有优先考虑主体性的对象形式,没有否认物自体的客观存在。

叔本华认为,理念只是尚未进入现象的那些次要形式,也就是依据理由律而存在的那些形式,对于主体而言这些形式仅仅是客体。我们的认识是对理念呈现的杂多、个别之物的表象把握。从理念属于客体来说,它是意志或物自体最吻合的客体,甚至可以说它就是意志或物自体,不过是在表象的形式之下而已。换一句话说,理念是以表象的形式现身的物自体或意志。

(二)从个别认识到纯粹直观

按照叔本华的观点,认识是属于较高级别的意志的客体化。个体、身体既是认识的出发点、主体,也同时是认识的客体和表象。为意志服务的认识是在时间、空间和因果性中确认事物之间的关系,一旦这些关系消失,连同个体或身体在内的所有客体也就消失了。所谓的科学研究不过是有条理的,更完整、系统的关系把握形式。"认识是为意志长出来的,有如头部是为躯干而长出来的一样。"[①]

[①] [德]叔本华:《作为意志和表象的世界》,石冲白译,北京:商务印书馆,1982年11月版(2017.11重印),第247页。

什么时候认识不为意志服务，变成认识自身呢？只有在主体不再是个体的，而是认识的纯粹不带意志的主体，这种主体不按理由律来把握关系，而是对眼前对象的亲切观审中，超然于该对象和任何其他对象的关系之外，也就是超然物外。人们不再执着于"何时""何处""何以""何用"，而仅仅是"什么"；当然，也不是用抽象思维、理性概念武装意识，而是全部意识直观眼前事物，也就是忘记了个体、意志，所有的个别和关系，嗒然若丧。在这样的直观中，个别事物已成为理念，个体成为认识的纯粹主体。而被认识的客体也正因此上升为理念，这时，作为表象的世界才能完美而纯粹地出现，这也是意志恰如其分的客体化。理念出现的时候，其中的主体和客体已不容区分，因为只有在两者完全相互充满，相互渗透时，作为意志恰如其分的客体性，表象的世界才会发生。意志乃是理念的自在本身，理念是意志完美化客体。个别事物以及认识个别事物的个体也是意志的客体化，但这种客体化是不完美的。如果把认识，把作为表象的世界取消，那么除了意志盲目的冲动之外，世界一无所有。这就是说，"如果意识获得客体性，成为表象，那就一举而肯定了主体，又肯定了客体；而这客体性如果纯粹地、完美地是意志的恰如其分的客体性，那就肯定了这客体是理念，摆脱了根据律的那些形式；也肯定了主体是'认识'的纯粹主体，摆脱了个性和为

意志服务的可能性"。① 以此观物,则万物备于我,如拜伦勋爵诗云:

> 难道群山,波涛,和诸天
> 不是我的一部分,不是我
> 心灵的一部分,
> 正如我是它们的一部分吗?

或者如《吠陀》所言:"一切天生之物总起来就是我,在我之外任何其他东西都是不存在的。"②

意志客体化有不同阶段,只有在理念中才有意志充分的客观表现,只属于在个体知识中出现的现象,对理念而言无关紧要,正如云的形状对于云、河水中漩涡和水沫对于溪流、冰花对于冰而言无关紧要一样。世事纷纭,只有理念永恒,在理念中生命意志得到最彻底的客观性。人类的种种才能、爱好、错误、优点或有不同,人的喜怒哀乐、悲欢离合各有千秋,这些构成了纷繁世界,但世界无论如何变换,其本质皆

---

① [德]叔本华:《作为意志和表象的世界》,石冲白译,北京:商务印书馆,1982年11月版(2017.11重印),第251页。
② 拜伦的诗和《吠陀》中的话均转引自[德]叔本华:《作为意志和表象的世界》,石冲白译,北京:商务印书馆,1982年11月版(2017.11重印),第252页。

同。"在现象世界中,真正的损失和真正的收获一样匮乏。唯一存在的是意志,意志是物自体,也是一切现象的根源。意志的自觉及其肯定或否定是唯一根本的事件。"①

(三)审美作为救赎的力量

既然如此,什么知识在关系之外,不受时间、空间和因果律限制呢?什么知识只涉及最根本的东西,只涉及理念、物自体呢?叔本华的回答是:艺术,即天才的作品。"艺术使那些通过纯粹观想而把握的永恒理念再现出来,让世界所有现象中根本的和永久不变的东西再现出来……它的唯一根源是关于理念的知识,它的唯一目的是传达这种知识。"②如果说科学追随前因后果的方式昂头挺胸,永无止境地探究最后的目标而不能得到满足,那么艺术在任何地方都能停留下来,并视其为目的地。这是因为艺术与科学的不同之处在于,它不遵循理由律,可以把科学弃之如敝屣的孤立的对象,滚滚洪流中的一滴水,看作整个世界。艺术持守着个别事物,使时间停顿。

天才的本质即在于具有持久地、完全沉浸地观审事物的

---

① [德]叔本华:《作为意志和表象的世界》,刘大悲译,哈尔滨:哈尔滨出版社,2016年版,第124页。
② [德]叔本华:《作为意志和表象的世界》,刘大悲译,哈尔滨:哈尔滨出版社,2016年版,第125页。

卓越能力。这种能力其实就是最完美的客观性,也就是不受意志约束的能力。天才能在直观中遗忘自己,遗忘自己的人格,只剩下认识着的纯粹主体,即庄子所谓的"坐忘"。普通人也会直观,但普通人的直观并不持久,他会根据关系和功利的变化而改变关注对象,"他会对于一切事物,对于艺术品,对于美的自然景物,以及生活的每一幕中本来随处都有意味的情景,都走马观花似的浏览一下匆促了事。他可不流连忘返。他只找生活上的门路,最多也不过是找一些有朝一日可能成为他生活的门路的东西,也就是找最广义的地形记录"。[①] 天才倾心于生活本身的观察,努力掌握每一事物的理念而不是其中的关系。一个人的认识能力,普通人最多像一个灯笼,照亮自己的生活道路,而天才,却像太阳照亮世界。

叔本华认为,想象力是天才必不可少的能力,因为正是想象力帮助直观扩充个人经验范围,摆脱狭隘的客体意识,使一切可能的生活情景一一出现于面前。他不是看到世界已构成的样子,而是看到世界努力要形成但由于认识限制未能呈现的样子。与天才相比,普通人也会使用想象力,但他们是为着现实的功利和关系而生发,并且根本不是冲着真理或理念而去,最终的结果更可能是幻想。这些幻想也会在各

---

① [德]叔本华:《作为意志和表象的世界》,石冲白译,北京:商务印书馆,1982年11月版(2017.11重印),第261页。

种通俗艺术中体现,如庸俗小说、街头故事等等。在叔本华看来,这种产品虽也称作艺术,但归根结底不过是消遣的对象而已。这样就形成了普通人和天才两种想象方式。前者想象事物以构造空中楼阁,后者则是认识理念的一种手段,而表达这理念的便是真正的艺术。天才通过艺术品把自己所掌握的理念不做任何改动地传达给别人。无论是因为艺术还是因为自然或人生而产生的美感快乐,结果都是一样的。我们常说艺术来源于生活而高于生活,由此也认为艺术的审美相应地高于自然的和人生的,那是因为,窥见到理念的艺术家在作品中重新创造了纯粹理念,把纯粹理念从现实事物中抽离出来,并抹去一切可能的偶然因素。如果说艺术家这种观物的姿态是天生的禀赋,通过他的眼光观看世界,却训练着可能并无天赋的芸芸众生,这也体现了艺术中技术的一面。

艺术何以能使我们摆脱意志,从而得到真正的救赎?如果我们没有忘记意志永不餍足的本性,那么就知道仅仅依靠日常方式,采取满足愿望的方式,就永远无法摆脱,因此只有借助某种外来原因或内心倾向使我们离开无限的欲望之流,使我们的注意力不再指向意志活动的动机,超然物外,不带个人的利害关系,以客观态度把它们当作表象而不是当作动机来看。这样,因不断追求满足而远离我们内心的平静,突然就会登堂入室了。艺术即这样一种突然进入我们的外来事物,它借助美,引起静观活动,使我们摆脱主观性和意志的奴役,虽然只是暂时的,但也总是能让我们达到一种纯粹认知的状态。

当我们被激情、欲望或焦虑所累时,只要捧起一本优秀的小说,或者欣赏优美的音乐,观照一幅合意的画作,意志所鼓噪着的这些欲望全都烟消云散。这种没有意志的知觉所带来的快乐让过去和遥远的东西都带有迷人的魔力,并且借助自欺的方法把它们呈现在我们面前。在艺术世界,就作为纯粹认知主体而摆脱了痛苦的自我来说,我们与对象完全合一,这时候,欲望和自己毫无关系,正如艺术与欲望毫无关系一样。艺术世界唯有表象,意志消失不见。

叔本华并非为了艺术而考察艺术,他的目的在于通过艺术揭示审美何以能够从意志中救赎人生。审美除了艺术,也包括自然美。与"黑兽"黑格尔对自然美排斥不同,叔本华认为"自然美让最迟钝的人也能得到短暂的愉悦感满足……只要让我们服从意志的关于单纯关系的知识过渡到美感审视,我们就能成为摆脱意志束缚的认识主体,如此一来,理念借以表现在我们面前的那种自然也就具有更清晰的适当性,自然种种形式的意义也更明确"。[①]

叔本华把自然美区分为优美和壮美。优美指容易摆脱

---

① [德]叔本华:《作为意志和表象的世界》,刘大悲译,哈尔滨:哈尔滨出版社,2016年版,第135页。

意志的状态。在优美感中,纯粹知识毫不费力地占住美,因为对象的美使其本身的理念知识易于获得的那种属性,已将意志与服从意志的种种关系的知识毫无阻力地从意识中去除,留下来的只是纯粹的认识主体,根本不会想到意志。壮美即强制突破意志束缚。在壮美感中,只有借助有意和强制的力量突破同一与意志之间种种不利的关系,只有借助自由而有意地超越意志及与意志相关的知识,才能达到那种纯粹的知识状态。优美和壮美本质上是一致的,即都摆脱了意志束缚的认知,区别只是对外来性质的反应不同,即超脱那被认识了的,正在观审中的对象对于意志的根本敌对关系。

显然,叔本华承认自己的壮美概念继承的是康德的崇高范畴,但他并不赞成康德对力量的崇高和数量的崇高内涵所作的规定,也无法分享蕴含其中的道德意识和哲学"实在",他仅仅把崇高看作一种宏伟或宏壮的印象。在这种印象中,张力极其巨大。一方面,审美主体觉得自己是个体,是脆弱的意志,面对无垠的大海、浩瀚的星空,孤弱无依;另一方面,他又发现自己是永久的、心平气和的认知主体,是对象、客体的条件,因此是整个世界的支持者。自然的可怕争斗和无可把握只是其表象,审美主体于此却摆脱了一切欲望和必然的限制,平静地了解理念。因此,崇高感产生于对比:我们作为个体、作为意志的现象和作为纯粹认知主体之间的对比,显得渺小,所谓"望峰息心"是也。

真正的优美与壮美或崇高感都是充分的客观审美活动。叔本华举例说,如果我们以审美、艺术的眼光看一棵树,我们所认识的其实不是树而是树的理念,不论这棵树是生长在千年以前,不论观察者是这个人还是活在任何地方任何时间的其他人,都无关紧要,具体的特殊事物和认知的个体随充足根据(理由)原则消失,剩下的只是理念和纯粹认知主体。

在叔本华这里,美的理念无需空间和时间,其纯粹意义和内在生命赤裸裸地展现于我们面前,引起接受者的兴趣。只要能引起纯粹客观和没有意志的静观的东西,都是美的。但一个东西比另一个东西更美是因为它使这种纯粹客观的静观更容易,这有几种情况:一种是审美客体自身各部分之间极为协调的关系,如艺术形式的合理、合式;一种是表现的圆满,如一件作品内在结构的完整;还有一种则是引起接受者兴趣的理念本身属于较高阶段的意志客观化活动,如人比其他东西更美,表明人的本质是艺术的最高目的。

(四)艺术审美分类学

美感被体现于审美主体和审美客体中,但叔本华却把重心放在主体对被感知表象的了解中。与一般主体性美学不一样的地方在于,他并不认为审美主体独自创造了美,而是主体被理念征服,摆脱意志,摆脱一切个体性以及由个体性引起的痛苦,从而保持一种认知主体的快乐和精神宁静。美感体验中哪一部分较占优势取决于直接把握的理念到底是理念的较高阶段还是较低阶段。叔本华以艺术类型为例,分别论述其各自的审美品格及审美分类学。

首先是建筑。如果只关注建筑的居住功能,这是建筑的最低阶段表象,不属于艺术。建筑除居住等实用功能外还有其他目的,表现于重力、内聚力、刚性、硬度、建筑内外的光的效果等等。叔本华认为,重力和刚性之间的冲突是建筑的唯一美感材料,两种力量以各种较量的方式展现出建筑的审美品格。重力是建筑物的意志,刚性则与重力对抗,形成建筑的审美表象,即柱子、圆拱等各种因此而成立的支撑结构、形状和形式。一幢建筑物的美,不在于其直接适用于人类居住,而在于建筑物整体的稳定,各部分的位置、大小和形式与整体的稳定、必然关系,从整体中拿去任何一部分,整体就会瓦解。各部分所负担的不能超过负荷的能力,而每一部分必须维持在应在的地方,所以造就了这种对立,也就可以看到石块等建筑材料中构成生命即构成意志表现的聚合力和重力之间的冲突,最低级的意志客观化也明显地显示出来了。同样,每一部分的形式也绝不是随便决定的,而是由其目的及与整体的关系决定的。美丽的建筑所带来的快乐,与其说在于观念的了解,不如说在于随这种了解而来的主观矫正者,即观看者摆脱了个人的被意志役使而遵从充足理由律的知识,观看者超越到不受意志束缚的纯粹的认知主体的地位。

建筑与其他艺术不同之处在于:第一,与绘画、雕刻等造型艺术和诗歌不同在于,建筑给予的不是摹本而是物本身,而造型艺术与诗歌重复的是理念。第二,建筑首先是为居住而建造,无论是给神居住还是给人居住,这与纯粹艺术不一样,但建筑作为审美对象,它的价值仍然是达到纯粹的审美目的。第三,建筑的审美价值与其实用价值有机结合,则更能促进审美价值的表现,比如哥特式建筑的尖顶、尖塔,既照顾了北方严寒天气下的保暖功能,也通过雕刻装饰补偿建筑本身所受的限制。

其次是造型艺术,即绘画和雕刻。叔本华认为造型艺术的美感所带来的快乐完全是客观的,主观的因素消失不见。造型艺术中,人体的刻画是最典型的,它弥合了种族性和个性。面对一件纯粹审美的人体造型艺术品,个人的人格、心理、意志及其不断涌现的苦痛都会消失。自然的人体是各个部分非常复杂的组织,每一部分都存在特有的生命并附属于整体。叔本华从理念论出发,认为艺术的人体是艺术家在经验之前预先感知到人体的美,"纯粹从后验和只是从经验出发,根本不可能认识美,美的认识总是,至少部分地是先验的,不过完全是另一类型的先验认识,不同于我们先验意识着的根据律各形态"。① 也就是说,艺术家的目的就是表现艺

---

① [德]叔本华:《作为意志和表象的世界》,石冲白译,北京:商务印书馆,1982年11月版(2017.11重印),第306页。

术的对象,这个对象是柏拉图的理念,而不是个别事物,不是理性思维和科学的对象。正如我们已经知道,理念与概念不同,概念是抽象的,是从推理得来的,人们通过语言传达概念而无须其他媒介,只要有理性,就可以把握、理解概念。但理念则相反,尽管可以当作概念下定义,却始终是直观的;理念也不代表个别事物,它超然于一切欲求、个性,只有天才或能达到纯粹认识状态的人才能直观到理念。概念尽管对我们有用,对艺术却不合适,理念则是艺术真正唯一的源泉。艺术家不是在抽象中认识作品旨趣和目标,浮现于艺术家眼前的不是概念,而是理念。所以柏拉图反对模仿说,认为模仿者模仿的仅仅是概念,但概念绝不能以内在的生命赋予一个作品。真正的艺术家对人体美的认识非常透彻,这并非艺术家专门研究过人体,或模仿其他人的艺术,而是因为艺术家本人即意志,凭借对自身意志的反思,就能预知自然界以及构成我们存在意志所力求表现的东西,也就是美的理念,并使之客观化。

再次是文学。在叔本华时代还没有今天意义上的统一的文学概念,一般称作诗或文艺。叔本华认为,文学的目的也是理念,诗歌中直接认识的只是抽象概念,但它的目的仍然是让接受者认识代表典型概念的生命之理念,因此需要读者的想象力参与才能达到此目的。为了激发想象力,诗的语言就绝不能是抽象性的概念语言,而是具体、直观又蕴含一般性的语言。诗文里面的许多修饰语就是为这目的服务的，每一概念的一般性都由这些修饰语缩小了范围，一缩再缩，直到直观的明确性。而节奏和韵律是诗的特殊辅助工具，它一面由于我们更乐于倾听诗词的朗诵，成为吸引我们注意力的手段；一面又使我们对于朗诵的东西，在未作任何判断之前，产生一种盲目的共鸣，由于这种共鸣，所朗诵的东西又获得了一种加强了的，不依赖于一切理由的说服力。[1]

诗的重大课题是在人的行动中表出意志的客观性的最高级别的理念；"表出人的理念，这是诗人的职责"。[2] 人是诗的主要题材，这与造型艺术不同。历史会教导我们认识人，不过那是认识"人们"而不是"人"，就是说，历史偏重提供人们相互关系和行动的事实记录，而很少让我们看到人的本质。当然，历史也谈人的本质，但当历史学家这样行动的时候，历史已经被当作诗来对待了。叔本华的这种观点显然受到亚里士多德的影响。在《诗学》中，亚里士多德表示：

> 诗人的职责不在于描述已发生的事，而在于描述可能发生的事，即按照或然律可能发生的事。历史学家与

---

[1] ［德］叔本华：《作为意志和表象的世界》，石冲白译，北京：商务印书馆，1982年11月版（2017.11重印），第335—336页。
[2] ［德］叔本华：《作为意志和表象的世界》，石冲白译，北京：商务印书馆，1982年11月版（2017.11重印），第342页。

诗人的差别不在于一用散文,一用"韵文";希罗多德的著作可以改写为"韵文",但仍是一种历史,有没有韵律都是一样;两者的差别在于一叙述已发生的事,一描述可能发生的事。因此,写诗这种活动比历史更富于哲学意味,更被严肃地对待;因为诗所描述的事带有普遍性,历史则叙述个别的事。[①]

但叔本华也对亚里士多德的观点进行了改写,他认为,个人的经验是理解文艺和历史不可缺少的条件,因为经验就像是字典一样,文艺与历史都可以使用,只不过历史与文艺相比,前者提供个别特殊中的真,后者提供一般普遍中的真;前者具有现象的真实性,并能从现象中证明真实性的来历,后者则具有理念的真实性,而理念的真实性是在个别的现象中找寻不到,然而又在一切现象中显现出来。诗人围绕目的和意图来选择,历史家却强调秉笔直书。叔本华同时也认为,"理念的真正展开,在文学里就要比在历史里正确得多,清楚得多。……诗里比在历史里有着更多真正的、道地的内在真实性,这是因为历史家必须严格地按生活来追述个别情节……他不可能占有……必要的一切材料,不可能看到了一

---

① [古希腊]亚里士多德:《诗学》,罗念生译,上海:上海人民出版社,2005年版,第39页。

切,调查了一切……在任何历史中假的[总是]多于真的。诗人则与此相反,他从某一特定的、正待表出的方面把握了人的理念,在这理念中对于他是客观化了的东西就是他本人自己的本质"。① 诗人"赋予他们的叙述以统一性,使这些叙述保有内在的真实性;即令是在这些叙述无法达到外在真实性时,甚至是出于虚构时,也是如此"。② 可以看出,叔本华虽然也在强调诗的真实性和普遍性,但亚里士多德的真实和普遍指的是事物的客观本质,是时间、空间和因果性意义上的本质,严格说来相当于表象;叔本华的真实和普遍则是理念,是意志的客观化。前者坚持的是唯物论,后者则是唯心论。

诗人用两种方式来表达人的理念。一种方式是被描写的人同时也就是进行描写的人,在这种方式中,诗人只是生动地观察、描写自己的情况,也就是主观性较强的文学类型,如抒情诗、歌咏诗等。另一种方式是待描写的完全不同于进行描写的人,在这种方式中,诗人隐藏在抒写的对象之后,甚至完全隐身,也就是客观性较强的文学类型,比如民歌、田园诗、小说、史诗、戏剧等。

但无论哪种艺术,其目的只有一个,那就是理念的表出,

---

① [德]叔本华:《作为意志和表象的世界》,石冲白译,北京:商务印书馆,1982年11月版(2017.11重印),第338页。
② [德]叔本华:《作为意志和表象的世界》,石冲白译,北京:商务印书馆,1982年11月版(2017.11重印),第339页。

不同艺术间的区别在于要表现出的理念是意志客体化的何种级别,而表出使所用的材料又按这些级别而被规定。就像水有不同形态:海水、湖水、大气、冰雪等;或是喷射,或是平静如镜等,但它总是忠实地保持水的特性,水的理念。文艺就是使得人的理念客体化了,而理念的特点就是偏爱在最个别的人物中表现它自己。

从其意志哲学出发,叔本华认为悲剧是文艺的最高峰,因为悲剧以表现出人生可怕的一面为目的,展演人类难以形容的痛苦、悲伤,表现邪恶的胜利、遭遇偶然性的统治以及正直、无辜者无可挽救的失败,这些都暗示了宇宙和人生的本质,也就是意志和它自己的矛盾斗争,这是世界理念的最高级别。我们在悲剧中看到高尚人物或是在漫长的斗争和痛苦之后,最后被迫或自觉地放弃曾经热烈追求的目的,永远放弃人生的快乐。写出一种巨大的不幸是悲剧里唯一基本的东西,悲剧的真正意义在于认识悲剧人物救赎的不是个别人物特有的罪过,而是原罪,亦即生存本身(意志)之罪。因此叔本华嘲讽黑格尔关于悲剧的"永恒正义"理论,"只有庸碌的、乐观的、新教徒唯理主义的或本来是犹太教的世界观才会要求什么文艺中的正义而在这要求的满足中求得自己的满足"。[①]

最后是音乐。叔本华给予音乐以至高无上的地位,他认

---

① [德]叔本华:《作为意志和表象的世界》,石冲白译,北京:商务印书馆,1982年11月版(2017.11重印),第350页。

为音乐完全孤立于其他一切艺术之外,是能够强烈影响人的内心的伟大和绝妙的艺术,因而不能被视为事物理念的模仿和副本,它直接就是理念。音乐表面看来是一种数量关系,然而数量关系并不是音乐符号所表现出的事物,而只是符号本身。其他艺术的目的在用个别事物使得意志恰如其分地客体化,它们凭理念把意志客体化,以进入个体化原理为途径的显现;与此相比,音乐理念尽管也是意志的客体性,但它不是理念的写照,而是意志自身的写照,音乐与理念之间虽不能等同,但有一种直接的平行关系,因此,其效果比其他艺术的效果强烈和深入。音乐如果作为世界的表现看,那是普遍程度最高的语言,甚至比科学语言之于概念的普遍性更为普遍,它完全是另一种普遍性,是和彻底的、明晰的规定相联系的。音乐不是表示这个或那个个别的、具体的欢乐,这个或那个抑郁、痛苦、惊怖、快乐、高兴,或心神的宁静,而是表示欢愉、抑郁、痛苦、惊怖、快乐、高兴、心神宁静等自身;在某种程度内可以说只是抽象地、一般地表示这些情感的动机。然而在这一抽出的精华中,我们还是可以充分领会到这些情感,近似于康德在《判断力批判》中提出的审美四契机中的第四契机,即"共通感"。"音乐是一种下意识的形而上的运算,心灵在运算中不知不觉地进行着哲学的思考。"[1]

---

[1] [德]叔本华:《作为意志和表象的世界》,刘大悲译,哈尔滨:哈尔滨出版社,2016年版,第170页。

总之,在叔本华看来,如果整个可知的世界只是意志的客观化和反映意志的镜子;如果在我们单独审视表象世界而摆脱一切意欲的束缚,只让表象世界占据我们的内心时,表象世界是人生中最使人快乐和唯一天真无邪的一面,那么我们可以把艺术视为人生这一面的更高阶段,也视为人生这一面的更完美的发展,因为艺术所完成的主要是可知世界本身所完成的,只是更为集中、完美,也更加具有目的和睿智,因此可以说是生命的花朵。

四、世界作为意志再论:伦理学

(一)意志是伦理学的基础

叔本华把伦理学看作是探索人的价值的最核心部分,因为伦理涉及人的行为,这也是《作为意志和表象的世界》把伦理学放在最后的原因,他要借此对其基本著作做一个总结。

在叔本华看来,人生有无价值,得救或是沉沦,起决定作用的不是哲学概念,而是人自己最内在的本质,即柏拉图所谓的神明,或康德所谓的"悟知性格"。"德性和天才一样,都不是可以教得会的。概念对于德性是不生发的,只能做工具用;概念对于艺术也是如此。因此,我们如果期待我们的那些道德制度和伦理学来唤起有美德的人,高尚的人和圣者,或是期待我们的各种美学来唤起诗人、雕刻家和音乐家,那我们就太傻了。"①这就是说,伦理学和美学有着相似的地方,那些道德条律、概念都不是本质性东西;道德的好人与坏人就像艺术上的天才,是天生的,一个人可以经过道德训练减少行为的不良后果,却无法变成一个好人。

叔本华的伦理学核心资源来自康德,又有着极大的区别。②"康德的伦理学是关于义务的伦理学,它试图为具有完美理性的个体制定一套必须服从的行为准则。与之相反,叔本华的伦理学是关于同情的伦理学。它试图用个体在对待彼此的态度以及对待整个世界的态度上的分歧来解释善与恶的区别。对叔本华而言,道德无关义务或'应该';也不能建立在理性基础上。用维特根斯坦晚期的话来说,它是有关'正确地看待世界'的问题。"③换一句话说,在一个统一于意志的世界图景中,加上一个跟意志对立而独立的价值命令,几乎不可能存在。④ 所以,叔本华明确表示,他的伦理学不会

---

① [德]叔本华:《作为意志和表象的世界》,石冲白译,北京:商务印书馆,1982 年 11 月版(2017.11 重印),第 370 页。

② 参阅《作为意志和表象的世界》附录部分,[德]叔本华:《作为意志和表象的世界》,石冲白译,北京:商务印书馆,1982 年 11 月版(2017.11 重印),第 562—722 页。

③ [英]克里斯托弗·贾纳韦:《叔本华》,龙江译,南京:译林出版社,2014 年版,第 88 页。

④ [德]格奥尔格·西美尔:《叔本华与尼采》,莫光华译,北京:商务印书馆,2019 年版,第 186—187 页。

像康德的义务论一样提出放之四海而皆准的普遍道德原则。他承认康德关于悟知性格和验知性格的区分,认为康德的自由与必然性共存的学说,同他的先验感性论一样属于人类智慧最伟大的成就。然而他的义务论学说,与以前以及他的同时代伦理学体系并没有什么根本的区别,它们均缺少确实可靠的基础。绝对命令的形式"不过是一种神学道德的倒置,包藏在非常抽象的,虽然源自先天的诸公式中。……那些关于法则以及义务命令的诸概念……没有任何实在基础,只在太空飘荡。……我想把康德在他的自我迷惑中,比作这样一个人:他在一个舞会上整晚和一个戴面具的美人调情,希望赢得爱慕;直到最后,她匆匆脱下她的伪装,现实身份——原来是他的妻子"[1]。这个妻子是谁呢?她就是意志!

根据叔本华的看法,意志不但是自由的,而且是万能的。意志既是行为,也是世界。正因如此,"我们在哲学上的努力所做的只是和说明人的行为以及一些那么不同而又相反的最高规范"[2]。叔本华哲学伦理学的真正目的是寻找和说明一种继宗教、艺术之后不从关系出发,不遵守理由律的认识方式,哲学伦理学的方式,是"一种内心情愫,唯一导向真正

---

[1] [德]叔本华:《伦理学的两个基本问题》,任立,孟庆时译,北京:商务印书馆,1996年版,第216—217页。

[2] [德]叔本华:《作为意志和表象的世界》,石冲白译,北京:商务印书馆,1982年11月版(2017.11重印),第371页。

神圣性,导向超脱世界的内心情愫"①。

(二)生命与意志

叔本华业已证明,意志在表象的镜子中反映和认识自己,认识的明晰和完整程度最高的是人,但人的本质要由连贯性行为才能获得完全的表现。人的行为是生命的表征,是欲求在表象上的体现,所以,意志其实就是生命意志:

> 意志既然是自在之物,是这世界内在的涵蕴和本质的东西;而生命,这可见的世界,现象,又都只是反映意志的镜子;那么现象就会不可分离地伴随意志,如影不离形;并且是哪儿有意志,哪儿就会有生命,有世界。所以就生命意志来说,它确是拿稳了生命的;只要我们充满了生命意志,就无须为我们的生存而担心,即令在看到死亡的时候,也应如此。②

有必要指出的是,叔本华这里所谓的生命并非指个体生存,个体只是现象。现象服从理由律和个体化原理的认识,

---

① [德]叔本华:《作为意志和表象的世界》,石冲白译,北京:商务印书馆,1982年11月版(2017.11重印),第374页。
② [德]叔本华:《作为意志和表象的世界》,石冲白译,北京:商务印书馆,1982年11月版(2017.11重印),第375页。

个体必然有生有灭。所以,古人重视葬仪,重视棺椁的装饰,其目的是以此强调个体死亡中蕴含自然不死的生命,暗示整个自然既是生命意志的显现,又是生命意志的内涵。在生命意志的显现中,个体就像样品或标本。生命意志不因单个个体消失而消失。只有理念而不是个体才真正有真实性,也就是,只有理念才是意志的恰如其分的客体性。大自然只是客体化了的生命意志。所以,生和死属于生命本身的东西,是意志这一现象的本质上的东西,也正是由于生死构成了生命的表现。个体生灭不是别的,而是形式恒存之下的物质或能量的变换。所以,并非绝对的出生或绝对的灭绝才是生死,一切新陈代谢和生命活动都可视为生死。比如,植物吸收营养的过程就是不断滋生,滋生过程也就是一种更高的营养;而性的快感就是生命感中更高意味的快适。排泄、呼吸,吐故纳新,无不是与生殖相对称的死亡。叔本华甚至认为沉睡与死亡也无区别,区别仅在能否醒来。"死是一种睡眠,在这种睡眠中,个体性是被忘记了的;其他一切都要再醒,或者还不如说根本就是醒着的。"[1]

所以,生命或实在的形式,只是现在,而不是过去和未来。过去和未来只含有概念和幻象,并且服从理由律,仅仅

---

[1] [德]叔本华:《作为意志和表象的世界》,石冲白译,北京:商务印书馆,1982年11月版(2017.11重印),第379页。

在认识的连带关系中存在。不妨说,一切过去和未来都是现在形态,这是因为确保生命的只是现在存在的意志。现在又是什么呢?以时间为形式的客体和不以理由律为形式的主体的接触点才构成现在。叔本华形象地解释说:

> 时间好比是不可阻遏的川流,而现在却好比是水流遇之而分的礁石,但水流不能挟之一同前进。意志作为自在之物,它不服从根据律也不弱于认识的主体;而认识的主体在某种观点下最后还是意志自身或其表出。并且,和生命、意志自己的这一显现,是意志所稳有的一样,现在,生命的这一唯一形式,也是意志所稳有的。因此,我们既无须探讨生前的过去,也无须探讨死后的将来,更应该做的倒是我们要把现在当作意志在其中显现的唯一形式来认识。①

这意味着,在叔本华这里,现在是一切生命的形式,反过来也可以说,生命意志即生命的存在,生命的形式就是没有终点的现在。

---

① [德]叔本华:《作为意志和表象的世界》,石冲白译,北京:商务印书馆,1982年11月版(2017.11重印),第381—382页。

（三）死亡与受苦

既然意志就是生命意志,而意志不会摆脱现在,所以生命的满足依靠对现在的彻底把握,但事实上,正如意志或欲求是永不可满足和彻底把握一样,现在总是充满着烦恼困苦,最极端的受苦形态便是死亡。意志作为自在之物看,超乎时间之外,但每个人作为个体,作为现象是要灭亡的,在现象与物自体之间,找寻营养及安慰成为人们在世道德救赎的一个典型行为:防止个体不为死的恐惧所侵袭,不去想方设法逃避死亡。"这是因为当个体和他的认识一直在想着生命之为生命时,必然会看到生命中的常住不灭;而在死亡出现于他眼前时,死亡本来是什么,他同样也不能不把死亡看作什么,也就是看作个别现象在时间上的终点。"①这就是说,痛苦和死亡都是坏事,但属于两种不同的坏事。我们之所以畏惧死亡,其实是怕个体的毁灭,死亡具体体现这种毁灭;但个体是客体化中的生命意志自身,所以个体都会起而抗拒死亡,这就是理性的认识作用,但理性认识克服恐惧的程度要看其与直接感受相比所占优势而定。如果一个人能真正洞晓死亡,认识一切生命不过是持续不断的痛苦,从而气定神

---

① [德]叔本华:《作为意志和表象的世界》,石冲白译,北京:商务印书馆,1982年11月版(2017.11重印),第386页。

闲地对待人生一切烦恼和痛苦,那么,他就没有什么可怕的了,包括死亡在内。他在任何时候,都拥有生命,拥有现在。将来和过去的摩耶之幕并不能欺骗他,也不能威胁他,他"无所惧于死亡,正如太阳无所畏于黑夜一样"①。

对于生命意志我们有肯定的立场也有否定的立场。"意志肯定它自己,这就是说:当它自己的本质已完全而明晰地在它的客体性中,亦即在世界和生命中作为表象而为它所知悉的时候,这一认识毫不碍于它的欲求……不过此前是没有认识的,只是盲目的冲动;现在却有了认识,是意识的,经过思考了。与此相反,如果说欲求,因为有了这种认识,就终止了,那就会出现生命意志的否定。因为这时已不再是那些被认识了的个别现象在作为欲求的动机在起作用,而是那整个的,对世界的本质——这世界又反映着意志——从理念的体会中生长起来的认识成为意志的清净剂,意志就这样自愿取消它自己。"②在具体的行为中,一方面有一定程度的肯定,另一方面也表现出否定。肯定否定双方都从活生生的认识出发,不依抽象认识的理性教条,叔本华的目的在于从经验出发,把肯定否定双方都表述出来,并使之成为理性上明确的

---

① [德]叔本华:《作为意志和表象的世界》,石冲白译,北京:商务印书馆,1982年11月版(2017.11重印),第387页。
② [德]叔本华:《作为意志和表象的世界》,石冲白译,北京:商务印书馆,1982年11月版(2017.11重印),第389页。

认识。按照抽象的理性教条行事既愚蠢又无意义,因为意志本身就是自由自决的,它不遵守法度。

(四) 意志与自由

意志乃是自在之物,是一切现象的内蕴。凡是现象,也就是被认识的主体的客体,一方面是事物的原因,一方面又是事物的后果。大自然的全部内容,所有的现象都是必然的,都遵守理由律。但意志并不与现象一起遵守理由律,所以不是由一个原因决定的后果,因此也没有必然性,这就是所谓的意志自由。从这一意义上说,叔本华认为,自由概念是消极否定的,其内容是必然性的否定,也就是从理由律上讲,后果对其原因关系的否定。这样就出现了一个十分突出的矛盾,即意志的自由与必然性的矛盾,也就是,任何事物作为现象和客体是必然的,而其作为物自体的意志本身,又永远是完全自由的。人和大自然其他事物一样,也是意志的客体性,自然物有其特性,人则体现为性格,人的行为就是遵循必然性中显露出验知性格,但人还有悟知性格,即意志自身,又是在验知性格中显露出来,人就是这意志自身的被决定了的现象,只不过人是意志最完善的形象罢了。在人身上,意志的取消和自我否定的可能性与世界上其他存在相比要明显得多。原来在现象中绝对不可看见的,只是在物自体中的自由,在人的现象中出现了。自由取消现象的本质,但现象继续在时间中显现意志,这样就出现了现象和它自己的矛盾,即自由的神圣性和意志的自我否认。这种自由或独立性原来只是属于作为物自体的意志,并且和现象不相一致,但对人而言,自由却在某种可能的方式下也在现象中出现,只是人的这种自由必然呈现为现象的自相矛盾,这是人与其他生物的区别。我们常常以为人是理性动物,不受必然性支配,在叔本华看来,这是错误的认识。因为,尽管人是自由意志的一个现象,却绝不是自由的,他亦是被意志的自由欲求所决定的现象。当我们认为每个人的个别行为是自由的时候,这些行为其实已经在动机和性格的合谋中被规训了,即具有某种无法摆脱的必然性。康德的悟知性格与验知性格很好地解释了人的自由与必然性矛盾。我们知道,悟知性格体现为超越时间、不可分割也不可变更的意志活动;验知性格则是意志活动服从时间、空间和根据律。意志作为真正的物自体,是一种原始独立的东西,因此我们通过理性的智力活动产生的经验自由不过是意志超验自由的假象,即个别行为自由的假象。人的智力都是经验事后对意志决定的认识判断,对于意志即时性的行动无法逆料。所以悟知性格并不与智力联姻,人之动机产生时,悟知性格便是一个必然的决定。只有验知性格才可以参与智力的认识活动。人的眼前的决定是即时的、必然的,只不过其决定性因为后续的抉择才被推进意识罢了。比如说,我们在做某一项困难而重大的决定时,由于条件尚不完全具备,暂时采取消极观望的方式,这时候,理性思考和个人好恶同时存在于决断的天平上。在经验上,一个决断诚然完全是事后才进入智力领域,但是决断还是从个体意志的内在本性中,从悟知性格在意志和当前动机的冲突中产生,从而也是以完整的必然性而产生。智力仅仅使我们看到动机,但无法决定动机,即智力不能决定意志本身,因为意志本身,完全不是智力所能达到的,甚至不是智力所能思考的。意志是第一性的、原始的,认识是后来附加的,作为意志现象的工具而隶属于意志现象。叔本华认为,过去哲学所谓的意志自由把人对自己的认识看作本质,把人看作是自己的创造物,这是成问题的,与之相反,叔本华坚持,"在有任何认识之前,人已是他自己的创造物;认识只是后来附加以照明这创造物的……人是认识他所要的[东西]"[1]。从这里可以看出,叔本华其实继承了古希腊以来西方的命定说,即"人不自变,而他的生活和行藏,亦即他的验知性格,都只是悟知性格的开展,只是固定的,在童年即可认识的,不改变的根性的发展"[2]。凡是人在根本上所欲求的,也就是他最内在的本质的企向和他按此企向而趋赴的目标,

---

[1] [德]叔本华:《作为意志和表象的世界》,石冲白译,北京:商务印书馆,1982年11月版(2017.11重印),第400页。
[2] [德]叔本华:《作为意志和表象的世界》,石冲白译,北京:商务印书馆,1982年11月版(2017.11重印),第400—401页。

绝不是用外来影响,通过各种经验的或道德的教诲能够改变的,因为,倘能如此,我们就可以再造一个新人。所以,叔本华反对斯多葛派的德性可教的观点,在他看来,伦理道德不可教育,因为只有动机能够影响意志,但动机不能改变意志本身,动机影响一个人处理事物的方式。所以道德教育最多告诉人们行动手段的对错,而无法改变人们的欲求和目的。懊悔的产生不是由于意志改变,而是对意志的认识发生变化。凡是意欲的东西,至死还是自己的欲求,以为意志是超乎时间和变化之外的。

> 我绝不后悔我所欲求过的,但很可以后悔我所做过的;因为我可以是被错误的概念所诱导而做出了什么与我的意志不相符合的事,而在[事后]有了较正确的认识时看透这一点就是懊悔。这不仅是对生活上的明智,对手段的选择,对目的是否符合我本意这种判断而言,而且也是对真正的伦理意义而言。①

懊悔不等于良心不安。懊悔总是从纠正了的认识中产生,而非意志改变的产物。良心不安是认识到自己还是原来

---

① [德]叔本华:《作为意志和表象的世界》,石冲白译,北京:商务印书馆,1982年11月版(2017.11重印),第404页。

的意志,亦即认识到作为意志的自己所感受到的痛苦。如果意志改变了,剩下的就是懊悔了,良心不安也就自动取消。这是因为往事既然表现着一个意志的某些面貌,假如做出那事的意志已不是懊悔者如今的意志,那么往事也就不能再唤起良心不安了。

人与动物在作为意志的存在上并无本质的不同,但动物只有直观的表象,而人还有抽象的表象即概念。人与动物都受动机决定,相比而言,人具有完整的抉择能力,这使得人很容易被视为是意志自由的存在,实际上,这种自由不过众多动机斗争之后,较强的一个动机以必然性决定意志,这其中就包含着道德权衡,这也是人优越于动物的地方,是人的痛苦多于和深于动物的地方,因为人的行动苦乐并不像动物那样仅仅由眼前直接的或者说身体的苦乐决定,而是抽象的思虑,动物界的痛苦与人这种有意的刻苦忍受相比,是微不足道的,这就是精神的痛苦。正因为精神痛苦比肉体上的痛苦要大得多,所以绝望的人或长期被病痛折磨的人很容易选择自杀。忧伤和伤感同样比肉体上的创痛更容易损伤身体。正如厄披克德特所说,"使人烦恼的不是事物本身,而是人们对于这事物的信念或意见"[①]。

---

① [德]叔本华:《作为意志和表象的世界》,石冲白译,北京:商务印书馆,1982年11月版(2017.11重印),第408页。

在悟知性格和验知性格之外,还有第三种性格,即人们在生活中由于社会风习而具有的获得性格。比如当我们赞许某人有品格或批评某人没有品格,就是针对获得性格而言的。正如我们已经强调的,意欲是教不会的,我们总是要通过经验才体会到别人的性格没有可塑性;但直到有这种体会之前,我们还是相信可以用合理的表象,通过请求或恳求,通过道德榜样的力量使得自己放弃自己的意欲,改变行为方式,脱离思想意识,但一旦通过不断的碰壁,经受社会的拷打,回到自己原本的轨道上,我们终于认识到自己的意志和个性,那么我们就具有了所谓的获得性格了。"具有获得性格就不是别的而是最大限度完整地认识到自己的个性。这是对于自己验知性格的不变属性,又是对于自己精神肉体各种力量的限度和方向,也是对于自己个性全部优点和弱点的抽象认识,所以也是对于这些东西的明确认识。"[①]这样人们就在普遍性的意义上认识了意志,不再因一时的情绪或外部诱惑而迷失,做出与意志相反的决断。不仅如此,人们也认识了自己各种力量和弱点的性质、限度,从而减少痛苦。人生的真正痛苦是在需要某种力量时却发现自己缺乏的正是那种力量。如果我们知道自己的优点和弱点所在,就会在自

---

① [德]叔本华:《作为意志和表象的世界》,石冲白译,北京:商务印书馆,1982年11月版(2017.11重印),第416页。

己的自然禀赋上想方设法扬长避短。由此而言,认识自己的才具及其限度乃是人生痛苦自慰的一条最可靠途径,"模仿别人的属性和特点比穿别人的衣服还要可耻得多,因为这就是自己宣告自己毫无价值"①。东施效颦不仅增加笑料也增加耻辱。

(五)痛苦的解救

生命最内在的本质是意志本身,意志的本质是盲目的冲动,只有遇到阻遏才能被遏制,但意志总体却是无休止的挣扎。自然界的各种事物都是这种意志的挣扎,到处都在互相争夺物质,一个占领另一个,维持着一种你死我活的斗争。"从这种斗争中主要的是产生一种阻力,到处阻碍着构成每一事物最内在本质的挣扎,使之徒劳地冲动而又不能摆脱自己的本质,一径折磨着它自己直到一个现象消灭而另一个现象又贪婪地攫取了先前那现象的地位和物质。"②这种横亘于目标之前,对意志的阻碍,就是痛苦;如果意志达到它的目的则是满足、安乐、幸福。只有永恒的痛苦,没有持久的幸福。一切的挣扎都是由于缺陷,由于对自己的状况不满而生,一

---

① [德]叔本华:《作为意志和表象的世界》,石冲白译,北京:商务印书馆,1982年11月版(2017.11重印),第417页。
② [德]叔本华:《作为意志和表象的世界》,石冲白译,北京:商务印书馆,1982年11月版(2017.11重印),第421页。

日不得满足就要痛苦一日，一月不得满足就要痛苦一月，一年不得满足就要痛苦一年。每一次满足之后新的欲求又如期而至，追求挣扎没有最后的目标，所以痛苦无法衡量，无有终止。而且，意志想象愈高级，愈完美，痛苦愈显著。从植物到动物，从动物到人，痛苦成等级上升。人是世界上痛苦的最高等级，并且智力愈高，痛苦愈甚，天才最痛苦。

如果人的欲求得到了满足，缺少了欲求的对象，这并不意味着痛苦就消失了，恰恰相反，可怕的空虚和无聊会占有他，人的存在和生存本身就会成为他不可摆脱、不可忍受的重负。人生就是在痛苦和无聊之间像钟摆一样来回摆动，不妨说，痛苦和无聊是人生最后的两种成分。

叔本华认为，人作为意志最完善的客体化，相对地也是一切生物中需求最多的生物，他是千百种欲求与需要的凝聚体。人的一切不可肯定，唯有需要和困乏是肯定的。首先是生存的忧虑，其次是种族绵延的需求，最后则是空虚和无聊。困乏是一般人的日常灾难，空虚无聊则是上层社会的日常灾难。

总之，不管大自然做了什么，也不管命运做了什么，不管你是谁，不管你拥有什么，构成人生本质的痛苦总是摆脱不了的。消除痛苦的不断努力除了改变痛苦的形态外，并未创化出新的物质。任何过分的欢乐总是基于幻觉，以为在生活中找到了根本不可能找到的东西，也就是以为折磨着人而自身又不断新生的愿望或忧虑已经有了持久的满足。人们事后必然不可避免地要从这类个别的幻觉中回过头来,幻觉带来多少欢乐,幻觉消失之后就有多少痛苦。斯多葛派伦理学的旨趣就在于把心情从所有这些幻觉及其后果中解放出来,并以凝神定气不动心的方式取代幻觉。但斯多葛派的方式误认了欲求来自外部世界,而没有看到痛苦是生命本质上的东西,内心才是痛苦的不竭源泉。所以,遏制或堵截了外来的需要、忧郁、看透生命本质、苦闷、空虚,这些内心痛苦一个接一个涌现。不过,与追求幻象相比,这已经是人生道德更为庄严的形象了。

所以,一般所谓幸福,就其本质意义而言,都是消极的,仅仅是一个愿望的满足,而且随着愿望的满足,愿望就消失了,愿望消失,像充满空气的气球的炸裂,享受也就完了。因此,满足或幸福,不过是从幸福或窘境中获得暂时的解放。如果没有各种痛苦的折磨,这种短暂的幸福就不会如期而至,所谓财富、美貌、地位只是痛苦的临时屏障。缺陷、困乏、痛苦,才是真正积极的东西,是直接投身到生命里的东西。因此,常常痛苦会变成美好的回忆,因为回忆痛苦是享受眼前美好时光的唯一手段;而作壁上观别人的痛苦,也会带来自己的满足和享受,从这一意义上说,"利己即是欲求生命的形式"。[①]

[①] [德]叔本华:《作为意志和表象的世界》,石冲白译,北京:商务印书馆,1982年11月版(2017.11重印),第436页。

叔本华认为,人生有三种极端的状态似乎能逃离痛苦。一是强有力的意欲,即巨大的激情,伟大的历史人物常常负载着这样的意欲;二是纯粹的认识状态,即理念或艺术生活,也就是天才的生活,在叔本华这里就是哲学家和艺术家;三是意志或认识麻木状态,即空洞冥想,使生命僵化到空虚状态,如佛教所追求的六根清净等等。但个人的生活的常态却是在这些极端间摇摆不定,执着于琐屑欲求。叔本华认为,普通人就像是一架人生的钟,上好了发条就走,却并不知道为什么要走。因此,人生总体上就是一场悲剧。虽然看着人们为琐屑利益蝇营狗苟,辛苦劳顿,一刻不停地渴盼、忧惧,不免有喜剧之慨。"可是那些从未实现的愿望,虚掷了的挣扎,为命运毫不留情地践踏了的希望,整个一辈子那些倒霉的错误,加上愈益增高的痛苦和最后的死亡,就经常演出了悲剧。"[1]

所以,叔本华反对一切乐观主义,认为乐观主义不仅是一套遮蔽生命本质的荒唐空话,而且是一种真正丧失德性的想法,"是作为对人类无名痛苦的恶毒讽刺而出现的"[2]。

---

[1] [德]叔本华:《作为意志和表象的世界》,石冲白译,北京:商务印书馆,1982年11月版(2017.11重印),第439页。

[2] [德]叔本华:《作为意志和表象的世界》,石冲白译,北京:商务印书馆,1982年11月版(2017.11重印),第444页。

（六）绝对利己主义及其伦理后果

在证明生命意志的悲剧本质之后，叔本华回到意志的肯定和否定的论述。

叔本华认为，意志的肯定就是不被任何认识干扰的欲求本身，它充斥整个生活。人的身体是意志的客体化，即欲求的现象，由此我们也可以说意志的肯定即身体的肯定。身体的需求表现为健康、个体保存和种族繁衍。身体的意志只能在动机上看出来，犹如眼睛只能在光中表现出视觉能力一样。人企图彻底认识的，首先是他欲求的对象，然后是针对这些对象的手段，他的思维所涉及只是方法的选择。从这一认识中，要么产生美感的观赏的要求，要么产生一种伦理克制。大多数人被困乏、欲求束缚，无有深思的机会。不但如此，意志的力量往往远远超过肯定身体的程度。个体在意志的力量达到这样的程度时，就不会限于肯定自己的生存，他还要否定或取消妨碍他的他人的生存。性欲或情欲典型地超出了本人生存肯定的范围。一个人的生存时间极其有限，性欲的满足通过生殖繁衍新的生命，生物的族系借此把个体连成一体，生命作为整体永远绵延下去。

在自然中，任何动物的性冲动均是最强烈的生命意志最后和最高目标。性器官可说是意志的真正焦点，与代表知识的大脑构成身体相反相对的两极，前者是意志，后者是认识。

性器官维系生命,在时间上保证生命无限延续。古希腊酒神祭仪时阴茎图腾法卢斯(Phallus)和古印度婆罗门教象征湿婆神的男性生殖器像所崇拜的,都是意志肯定的象征。相反,认识则是我们超越意志活动,因自由自在而得以解脱,并征服和消灭这个欲求过载的意志世界。

因此身体意志本身便是一种矛盾的存在,意志不仅带来肯定,也带来痛苦,自我主义是这一切矛盾冲突的起点。

在所有个体中,意志都是当下、整体、未分化的,每个人都为自己欲求一切东西,都渴盼控制、拥有一切东西,任何与此抵触的东西都要被破坏。个体是意志,也是认识主体。由于认知主体的意识,世界必然因它而消失不见,自然是存在还是不存在对认知主体来说无关紧要,因为自然的存在与否全由主体的意识来决定。单个个体尽管在这无限的世界上显得相当渺小,然而却把自己看作世界的中心,把自身的存在和幸福看得重于一切。不惜牺牲其他存在,甚至渴望消灭世界以成全自己,这种倾向就是自我中心主义,万事万物概莫如此。"然而正因为这种自我中心主义使意志本身的内在冲突达到可怕的程度;因为这个自我中心主义产生并继续存在于小宇宙和大宇宙之间的对立或下述事实中,即意志客观化以'个体化原理'为形式,通过'个体化原理',意志以同一方式表现于无数个体中并且完全地表现于每一个体的两方面:意志和表象。"①不仅如此,由于自我中心主义,在个体的直接感觉中,自己属于意志,是表象的主体,其他个体均属表象,所以每个个体都把保全自己的生命视作高于其他个体。这就是霍布斯《利维坦》中所表明的"一切人反对一切人的战争"和"人对人是狼"的观点。

没有任何动机愿意放弃人对意志冲动的满足,否则就是对生命意志的否定,就是知识对生命意志的压制。但由于自我中心主义的本质性规定,对生命的压制或否定,是一项困难而艰苦的自我克制,因此,正常呈现的状况往往是一个个体意志否定压制另一个个体意志,从而成全自己。从道德上说,这是"不义"的行为。"凡是犯错的人都觉得因另一个个体对它的否定而侵犯到自己身体的自我肯定范围,这是一种直接的和心理的痛苦,这种痛苦与那种因行动或损失而引起苦恼时体验到的身体上的痛苦完全无关,也完全不同。"②

另一方面,对不义的人来说,逾越自己的身体及其力量的界限,侵犯另一个体中的同一种意志,则冲突很容易因为意志的根本同一性而迅速转变为自相分裂,而且在不义者的知识反思中表现出来,这种反思还达不到极端抽象的形态,

---

① [德]叔本华:《作为意志和表象的世界》,刘大悲译,哈尔滨:哈尔滨出版社,2016年版,第227页。
② [德]叔本华:《作为意志和表象的世界》,刘大悲译,哈尔滨:哈尔滨出版社,2016年版,第229页。

而是以模糊感知的方式表现,这就是我们道德上的悔恨。一切故意打击、奴役、掠夺他人财货都是不义行为,而残忍、野蛮和谋杀是不义的典型形态,因为这些不义,尽管会悔恨,但也可能终生无法修复。

有不义,就会有对公义的需要。叔本华认为,一般的报复和惩罚如果不与未来,不与"永久公义"(刘大悲译文,石冲白译为"永恒公道"——伍按)关联,不过是"暂时的公义",属于毫无理由的迫害,是另一种恶行,对人类而言没有任何意义。康德把刑罚看作单纯的报复,只是为报复而报复,是错误的。"一个高明的人施行惩罚,不是为了错误已经铸成,而是为了不使错误再发生。"①可谓一语中的。这就是说,要真正达到"永久公义",必须把惩罚和犯罪合为一体,也就是惩罚并非为了私人报复,而是对不义的制止,因此,"永久公义"事实上也必须存在于世界的本质之中,也就是存在于意志之中。"意志出现于一切东西之中,它在自身中和时间之外就能决定自己。世界只是这个意志活动的反映,而世界中一切有限的东西,一切痛苦和不幸都是意志求而不得的表现……意志怎么样,世界也就怎么样。"②

---

① [德]叔本华:《作为意志和表象的世界》,石冲白译,北京:商务印书馆,1982年11月版(2017.11重印),第476页。
② [德]叔本华:《作为意志和表象的世界》,刘大悲译,哈尔滨:哈尔滨出版社,2016年版,第231页。

在叔本华看来,世界责任不是由世界之外的东西承担,而是由世界自身担负。康德视国家、法律这些外在条件为反对利己主义的道德武器,认为国家之外没有完整的所有权,叔本华并不认同,他坚持一般人看到的只是分裂的现象:快乐是一回事,痛苦是另一回事;邪恶是一回事,灾祸又是另一回事;谋杀者是谋杀者,牺牲者是牺牲者。在摩耶之幕背后,他根本不知道这些看起来对立的双方不过是同一个生命意志的不同面相而已。从事物的真正本质看,每个人都把这个世界的一切痛苦当作自己的痛苦,事实上,只要他是固定的生命意志,只要全力肯定生命,每个人都必须把一切可能的痛苦看作自己实际的痛苦,这样,摩耶之幕状况下的分离也只在现象方面而不在物自体方面,"永久公义"就建基于其上。

在个体化原理中,"永久公义"消失不见,好人不一定得到好报,他/她或许在痛苦的深渊苦苦挣扎;坏人不一定得到恶报,他/她或许正快乐地逍遥于世界各地。事实上,"那些让人痛苦的人,其错误在于相信自己不是分担痛苦的人;忍受痛苦的人,其错误在于相信自己不是分担罪恶的人"[①]。对于局限于服从理由律的认识,局限于个体化原理的认识,"永久公义"是避而不见的。但我们可以通过文学艺术等虚构方

---

① [德]叔本华:《作为意志和表象的世界》,刘大悲译,哈尔滨:哈尔滨出版社,2016年版,第234页。

式实现"诗性正义",从而保留"永久公义"的面相,这也是当代伦理学家玛莎·努斯鲍姆等人的洞察之一。不过在叔本华看来,对"永久公义"最好的理解出现在《奥义书》的轮回果报观中。在这种宗教信条中,此世犯下的孽债,来生一定会得到报偿,也一定遭受同样多的痛苦。比如,此生杀戮动物,来生将变为动物等等。这种果报观,一方面使得人无须通过真实的悲惨生活体验意志世界的痛苦;另一方面使人心怀重生的希望,幻想变为伦理高尚之士。在这种不承认种姓、不承认《吠陀》等古印度宗教的世界里,现象界并不存在,生、老、病、死不再存在,一切归于最纯粹的寂静。

但"永久公义"归根结底是一个事关良心的道德哲学问题,准确地说,就是关于善和恶的真正伦理意义。

叔本华认为,善是一个相对概念,"指一客体对意志的某一固定要求的相适性。因此,一切一切,只要是迎合意志的,也不管这些东西在其他方面是如何的不同,就都用善[好]这一概念来思维。因此我们说好食品、好路、好天气、好武器、好预兆等等;总而言之是把一切恰如我们所愿的都叫作善[或好];所以,对于这一个人是善的[或好的],对于另一个人又可以恰好是相反"①。善可以分为两种情况,一种是好受

---

① [德]叔本华:《作为意志和表象的世界》,石冲白译,北京:商务印书馆,1982年11月版(2017.11重印),第491页。

的,一种是有益的;与之相反的情况我们均用"恶"表示。由于善是与恶相对的,因此所谓的绝对善就是一个矛盾,意味着意志最后的满足和动机,从意志的永恒轮回和永恒存在看,显然不可想象;因为对于意志而言并没有什么最高善、绝对善,而是永远只有一时的善。

叔本华把善的对立面"恶"解释为"这个人不仅是按生命意志在他身上显现[的程度]肯定这意志,而是在这肯定中竟至于否定了那显现于别的个体中的意志。而这又表现于他要求别人的各种力量为他服务;如果别人和他的意志的趋向对抗,还表现于他要消灭别人"[①]。这是绝对利己主义的根源所在。基于恶的利己主义,常常表现出两种典型形态。第一,这种利己主义者内心有一股强烈的、远远超过他自己身体的生命意志;第二,这种利己主义者完全根据个体化、理由律原则去看待自我与他人的区别,他眼中只有自己的利益,对他人的死活漠然视之。

由于恶是意志最激烈程度的体现,因此彻底的利己主义常常导致永恒的痛苦。如果这种痛苦不能合理地得到解除,就会导致最恶劣的意志冲动现象,如历史上屡见不鲜的暴君、恶徒或变态狂等等。在叔本华看来,报复心理类似于恶

---

① [德]叔本华:《作为意志和表象的世界》,石冲白译,北京:商务印书馆,1982年11月版(2017.11重印),第494页。

毒的意志冲动,它是以怨报怨而不是为将来着想。报复不是手段而是以观看他人痛苦为目的,在某种意义上,属于人类最为邪恶的一部分。为了使事后的惩罚摆脱报复的邪恶,需要加入规则,也就是依照事先的规定所得的惩罚,虽然仍然属于报复,但已经带有正义的色彩。

与恶毒相关的道德痛苦是良心不安或良心责备。恶人之所以不顾道德后果进行报复,原因在于他自以为是地把意志现象理解为意志本身,把自己的痛苦和受害人的痛苦分开,而且以为避免了他人所受的痛苦。事实上,这不过是一种梦幻,梦幻破灭的那一天,他必须以痛苦为代价抵偿快乐,这痛苦就是良心不安。时间和空间虽然把恶人与他人所受的无数痛苦分隔开来,并且显示为毫不相干的表象,但在本体上却是同一生命意志,这生命意志误认了它自己,拿起石头砸自己的脚;当这意志在它的某一现象中寻求巨量的逸乐,远超一般意志的需求,这行为也把最大的痛苦加诸另外一些表象。由于恶人自身也不可逃避地在这生命意志本体之中,因此,他不仅是施虐者,也是受虐者。恶人除了在认识上识别生命意志本体以外,还会把认识到的一切良心痛苦传导为感觉的痛苦,把未来和过去的摩耶之幕遮蔽的时间与空间还原为真实的当下此在的生命意志,因为生命的形式就是现在。因此刺痛良心的,除了认识之外,还有对自己意志及其强烈程度的自我认识。"生活过程编织着验知性格的肖像,这肖像的蓝图则是悟知性格。恶棍看到这幅肖像必然要吃一惊,不管这肖像是以那么庞大的轮廓织成的,以致这世界得以和他共有一个深恶痛绝之感,或只是以那么纤细的线条织成的,以致只有他自己看见,因为与这幅肖像有关的就是他自己。"[1]白天好像只是显示自己,其实它何尝不显示黑夜?

(七)同情伦理学

我们常常产生一种误解,以为在说出对美德的认识时,就意味着人在行为上得到了伦理的改造。叔本华再一次强调,道德教条和抽象原理不能导致美德,美德必然从直观认识中产生。正如此前已经提及的,美学不能造就诗人,道德教条也无法造就道德圣人。教条对于道德仅仅只有这样的价值:我们获得了一种行为公式,但对行为的本质并不理解。一切抽象的认识都只提供动机,而动机变更意志的方向,却绝不变更意志本身。一个人真正欲求的,永远是同一欲求。

由于动机从外部影响意志,我们几乎无法在道德上正确地判断别人的行动,也很少正确地判断自己的行为。个人或民族,其行为或行动方式也许受到道德教条、规范、模式或风

---

[1] [德]叔本华:《作为意志和表象的世界》,石冲白译,北京:商务印书馆,1982年11月版(2017.11重印),第500页。

俗习惯影响,但并不能赋予道德意义,因为这些教条无法改变意志的本质,所有的道德行为产生相同的意义。比如同样的邪恶,在一个民族可以是凶杀或吃人,在另一个民族则表现为宫闱诡计或相互倾轧。正因为美德是一种直观认识,所以不像抽象认识那么容易传达。我们只能从行为出发,在行动中才可以看出美德。因为在行为中可以认出作为物自体的生命意志,也就是说,一个人在一定程度上,在不为非作歹、不损害他人的程度上,又在别人的现象里发现自己。也就是经由行动,他看穿了个体化原理,看穿了摩耶之幕,把他者的本质和自己的本质一视同仁,这就是美德。美德意味着从别人那里享受了多少,就要对别人报效多少,以达至最高的程度,即自觉自愿的公义。比如那些商贾巨富保持简朴的生活,用手里的财富赈济世人,或者如宗教信徒过着清心寡欲的生活。自觉自愿的公义是看穿了个体化原理的本来面相,从而推己及人,在他人身上看到的痛苦几乎和自己的痛苦一样使他难受;不唯推己及人,还能做到推己及物,也就是达至所谓的"民胞物与",那些贪婪、饕餮之徒,那些恶棍、不义之徒,那些失去美德根基的人,永远在别人的现象里看不到相同的自己,因而也觉察不到永恒公义,只是局限在个体化原理之中,局限于根据律所支配的认识方法之中。

因此治好妄念,摆脱摩耶的骗局,我们就能在美德的护佑下获得与良心不安相反的道德幸福,即心安理得。心安理得是因无私的行为而感到的满足,我们既在个别的现象中直接认出自己的本质,又在其行为中验证了这种认识。一切生物,与我们自己一样,同根同源于生命意志,我们把这一认识所生的关怀扩充至一切有情之上,这样胸怀也就扩大了。美德之人生活在一个互相亲善的世界里,一切安乐都是他自己的安乐。虽然美德不来自一般道德格言,但如果人们以清晰的认识和内心的坚定信心,确认自己具有了美德,那么就意味着我们已经在通向解脱的大道上了。

如何在最高的程度上看穿个体化原理和摩耶之幕,产生真正的善、美德或公义,把他人的个体和命运与自己的完全等同起来?叔本华认为,只有同情能做到这一点。"纯粹的爱(希腊语的'博爱',拉丁语的'仁慈'),按其性质说就是[同病相怜的]同情,至于由此所减轻的痛苦则可大可小,而任何未曾满足的愿望总不出乎大小痛苦之外。"[1]这种同情伦理学,显然与康德的义务伦理学并不一致。在康德那里,同情是懦弱的体现,并非美德,这是因为康德基于"人的尊严和价值"这样的理性概念。概念并不能产生美德,叔本华认为把尊严概念套用到人身上不仅空洞,而且极富讽刺意味,因为人是一种在意欲上有罪、在思想和智力上狭隘、在身体上又

---

[1] [德]叔本华:《作为意志和表象的世界》,石冲白译,北京:商务印书馆,1982年11月版(2017.11重印),第512页。

脆弱和易朽的生物。一切真纯的爱都是同情,非出自同情的爱,那是自顾之私或"自爱",如乐于同个性相投的朋友交往,就是自爱;而同情是博爱,也就是慈爱,如对朋友的哀乐有真挚的关怀,对朋友能做出忘我的牺牲,等等。正是在这一意义上,叔本华同意斯宾诺莎的观点,"对别人的好意并不是别的什么,而是导源于同情的情意"[①]。实际上,我们无须根据价值和尊严对个人进行客观评估,即不要去妄断其意欲或意志的卑劣,也无须留意其智力的狭隘或其他不合常规的想法、概念,因为前者易导致我们的憎恨,后者则招致蔑视。我们能做的,是感同身受他人的磨难、需求、恐惧、痛苦,这样才不至产生憎恨和鄙视,而怜悯之情也从此生发。这种同情对于动物亦然。叔本华曾敏锐地指出,康德伦理学,乃至整个基督教伦理学并不把动物考虑在内,这是其体系中的缺陷。他认为,"对动物的同情与性格的善密切相关,可以肯定地断言,对活着的动物残忍的人,不能够是个好人。……这种同情显然出自人们公正与仁爱的德行所由产生之同一源泉"[②]。他曾经从自我经验的角度指出,从对动物的态度上可以看出德国人比英国人要残忍得多。我们认为尽管这样的判断不

---

① [德]叔本华:《作为意志和表象的世界》,石冲白译,北京:商务印书馆,1982年11月版(2017.11重印),第513页。
② [德]叔本华:《伦理学的两个基本问题》,任立,孟庆时译,北京:商务印书馆,1996年版,第304页。

能排除他个人的主观情感偏好,但二战期间纳粹所实施的各种惨无人道的暴行,多少印证了叔本华判断的合理性。总之,同情是真正的道德原动力。①

(八) 禁欲与自杀

产生善、爱、德行和高尚性格的动机和行为,也产生对生命意志的否定;因为怜悯和同情的伦理学建基于对个体化原理的识破,虽然我们仍然不能跳出个体化和利己主义的生命圈套,但由于透视了物自体或意志的本质,意志就会转变方向,离开生命,走向生命的否定。对生命的否定,常见的有几种方式。

第一种是禁欲。叔本华把人生比作烧红的跑道,蒙昧的芸芸众生无知无觉地在其上经受炙烤:

> 如果我们把人生比作灼热的红炭所构成的圆形轨道,轨道上有着几处阴凉的地方,而我们又必须不停留地跑过这轨道;那么,被局限于幻觉的人就以他正站在上面的或眼前看到的阴凉之处安慰自己而继续在轨道上往前跑。但是那看穿了个体化原理的人,认知到自在

---

① [德]阿图尔·叔本华:《附录和补遗》(第2卷),韦启昌译,上海:上海人民出版社,2020年版,第225页。

之物的本质从而[更]认识到整体大全的人,就不再感到这种安慰了。他看到自己同时在这轨道的一切点上而[毅然]跳出这轨道的圈子。——他的意志掉过头来,不再肯定他自己的,反映于现象中的本质;他否定这本质。透露这[一转变]的现象就是从美德到禁欲的过渡。①

但是,同样在这样一条红彤彤的跑道上,一个看穿了生命意志本质的人,就不再拘囿于推己及人,而是要消灭欲望的刺激,封闭痛苦敞开的大门,他选择自我克制,净化和神化自己,这个人就是禁欲主义者。禁欲是忏悔享受,自找苦吃,故意摧毁意志。叔本华从《吠陀经》、神秘大师迈斯特尔·埃克哈特的著作、《圣经》以及佛教经典中搜集大量的案例,说明抑制冲动、戒除欲望的禁欲主义是人走向生命否定的合理途径。禁欲主义除了禁绝欲望的追求,还有自愿地贫穷和受苦,正如我们此前提到的富商巨贾或贵族散尽家财,自愿贫穷。这种贫苦不是偶然产生的,而是以之压制意志,减轻他人痛苦,同时也使意志得不到激励。当然,没有人能够靠贫穷的方式完全杜绝生命意志,作为具体的意志现象,各种欲求的根子仍然存在,只不过他以忍受可怕的痛苦、羞辱、侮慢

---

① [德]叔本华:《作为意志和表象的世界》,石冲白译,北京:商务印书馆,1982年11月版(2017.11重印),第517页。

考验自己的意志,他以无限的耐心和柔顺来忍受这些,以德报怨,使愤怒和贪欲之火无法燃烧。

> 和抑制意志本身一样,他也抑制意志的可见性、意志的客体性,也就是抑制他的肉身。他很菲薄地赡养着这躯壳,不使它丰满地成长和发达,以免它重新又使意志活动起来,更强烈地激动起来;[因为]身体乃是这意志的单独表出,是反映意志的镜子。所以他要采取斋戒绝食的措施,甚至采取自鞭自苦的办法,以便用经常的菲薄生活和痛苦来逐步降伏和灭绝意志;他把这意志看作自己和这世界在痛苦中生存的根源,是他所深恶痛绝的。[①]

这说明自我否定或意志消灭的本质是生命意志的否定,我们虽然使用哲学的方式来解释或描述这类行动的伦理意义,在诸如圣贤高僧,一切真正的禁欲主义者那里,这样的认识不是来自理性概念或哲学抽象,而是来自直接的体悟和行动。叔本华特别称赏《吠陀》《普兰纳》以及古印度诗歌、神话、圣者轶事、语录和生活戒律中反映的印度教禁欲主义伦

---

① [德]叔本华:《作为意志和表象的世界》,石冲白译,北京:商务印书馆,1982年11月版(2017.11重印),第520页。

理观。这种伦理完全否定一切自爱以爱亲邻;对苍生慈悲为怀;散尽所得以济世界;以德报怨;实行各种戒律;甚至抛弃亲人,遁入孤寂,忍受可怕的慢性折磨,以期冀完全压制住意志;等等。无数的绝食、舍身饲虎等等故事,无不以酷烈的面目呈现于世人面前。叔本华认为,世界上与此类似的高尚道德之士虽行为有别,但本质一致,都是人的卓越天性的体现。

当然,普通人虽然不能像圣贤高僧一般通过自行受苦消灭意志,但也可在生命意志的辗转反复中,承受那些意想不到的巨大或长期的苦难,从而在绝望之际,突然转向内心,认识自己和这世界的意志本质。痛苦在他们身上起着纯化的作用,比如歌德的《浮士德》里的格雷琴所遭受的痛苦,就是这方面的典型。叔本华把自觉的消灭意志称为生命意志否定的第一条道路,把被动消灭称为第二条道路。这两条道路的区别在于对唤起生命意志本质认识的不同归因,前者是看穿个体化原理,从而自愿地经受痛苦;后者则是个体直接但被动感受到的痛苦。"在过分的痛苦中,生命的最后秘密自行向他们透露出来了,即是说,受害与为恶、忍痛和仇恨、折磨人的人和被折磨的人,在服从根据律的认识里尽管是那么不同,在本体上却是一回事,是同一个生命意志的显现。"[1]毋

---

[1] [德]叔本华:《作为意志和表象的世界》,石冲白译,北京:商务印书馆,1982年11月版(2017.11重印),第536页。

宁说,这是痛定思痛之后的顿悟。

由此看来,某种意义上,坏人实际上处于不幸的境地,因为坏人要达到意志否定的认识,距离尚远,生活中可能出现的痛苦,事实上他已经亲受了,他及时行乐的幸福状况只是借助于个体化原理的现象,是摩耶的幻术,是乞丐的黄粱美梦。意志寂灭中才有极乐。

但自杀并不是合适的意志的寂灭,恰恰相反,它是强烈肯定意志的一种现象。生命意志否定的本质不在于对痛苦而在于对生活享乐的深恶痛绝。在叔本华看来,自杀者所以自杀只是对自己的生活条件不满而已。所以,自杀并不是放弃生命意志,而是在毁灭个别现象时放弃生命。自杀者否定的只是个体,不是物种。"一个个别的现象的自甘毁灭,是一个完全徒劳的、愚蠢的行为……自在之物却依然无恙,犹如不管彩虹所依存的雨点是如何迅速地替换更易,彩虹自身仍坚持不收一样。"[1]自杀者逃避痛苦,等于一个病人,在一个解除痛苦的手术开始之后,又放弃了手术,宁愿保留病痛;为了保留意志,他撵走了痛苦。这就是包括基督教伦理学在内的众多伦理学谴责自杀行为的理由。叔本华认为,如果已经有了生命意志,那么生命意志作为形而上唯一的东西,作为物

---

[1] [德]叔本华:《作为意志和表象的世界》,石冲白译,北京:商务印书馆,1982年11月版(2017.11重印),第544页。

自体,就没有一种暴力——包括自杀——能够打破它,暴力只能消灭生命意志此时此地的现象。

因此,得救的唯一途径就是意志无阻碍地显现出来,并在现象中认识其本质。唯有借助这种认识,意志才能自行消灭,同时结束意志和现象二分状况。大自然的本质是生命意志,它总是按照自己的方式做出决定,人类就该以一切方式实现大自然的目的,但为消灭意志而追求意志的自杀行为不属于其中的方式。

不过,为了不产生自相矛盾的嫌疑,叔本华特别把出于禁欲目的绝食而亡的行为排除在愚蠢的自杀行为之外。他认为这一类型的自杀不是从生命意志中产生的,亦即并非为了更好的生命意志而自杀,禁欲主义者只是因为完全断绝了欲求,才终止了生命。虽然在极端禁欲而亡与生命意志绝望而亡之间还有诸多混杂的自杀情形,但叔本华并未再做细致的区分,实际上也确实难以区分,正如他自己意识到的,人类心灵本就有一些"深邃、阴暗和错综复杂的地方,要揭露和展出这些地方是极度困难的"[①]。

对于自杀的伦理意义的认识,叔本华晚年的看法更容易为人接受。他说:"我们也可以把自杀视为某种实验,是人们

---

① [德]叔本华:《作为意志和表象的世界》,石冲白译,北京:商务印书馆,1982年11月版(2017.11重印),第548页。

对大自然提出问题,并强迫大自然给予回答。也就是说,死亡以后,人的存在和认知会经历什么样的改变。但这可是一个笨拙的实验,因为自杀取消了那能听到回答的意志身份。"[1]所有叙事,包括理论叙事,都包含着对伦理可能性的探究,谈论自杀也是如此。

(九) 走向虚无?

叔本华生命意志否定伦理学有一个极为清晰的知识逻辑,即对生命意志的否定是以看穿个体化原理为基础,然后达到自愿的公义,再进至仁爱和同情,从而完全取消利己主义,最后是清心寡欲或意志的否定。但这一知识逻辑从一开始就被人指责,因为它导向的终极伦理意义是"空洞的无",即悲观主义和虚无主义。这种指责无疑包含着极大的合理性,对于芸芸众生而言,叔本华基于天才的悲观主义和虚无主义,不仅矛盾百出,而且极易带偏人类的整体价值走向。

但有时人们会认为叔本华最终根本不是一个真正的悲观主义,也不是虚无主义。因为他并不真正否认人生的价值,《作为意志和表象的世界》一以贯之探索的"美学思考,艺术天才,慈悲和正义的生命,禁欲主义以及对意志的摒弃,这

---

[1] [德]阿图尔·叔本华:《附录和补遗》(第2卷),韦启昌译,上海:上海人民出版社,2020年版,第359页。

些都是至少等待着一些人的至高无上的价值。逃离意志的人正好获得了'救赎',这似乎是一种其价值无可指责的状态"。① 叔本华自己更不承认这种指责。叔本华认为世界上并不存在绝对的"无",没有真正否定的"无",就连想象这种"无"也不可能。任何"无"都只是在相对关系中设想的,都是立基于某种参照体系,即便逻辑的矛盾,也是一个相对的"无"。"'无'这概念,就其最普遍的意义说,就是表示……存在物的否定。"②那么,既然我们认为世界的本质就是意志,现象中表现的只是意志的客体性,我们也能从自然到人类意识的最高行为上认知到这种客体性,那么,我们就无法否定这样的结论:随着自愿的否定、意志的放弃,无论何种级别上的现象也自行消失,最后,连时间、空间形式,主体和客体也都取消;"没有意志,没有表象,没有世界"③。

所以,"无"是世界的最高境界。我们之所以反对"无",体现着的正是我们生命意志的本性和芸芸众生的贪生状态。如果我们摆脱局限,看穿意志,不是混迹于欲求、欢愉、恐惧、贪得无厌的希望之中,而是进至高于一切理性的心境和平,

---

① [英]克里斯托弗·贾纳韦:《叔本华》,龙江译,南京:译林出版社,2014年版,第118页。
② [德]叔本华:《作为意志和表象的世界》,石冲白译,北京:商务印书馆,1982年11月版(2017.11重印),第558页。
③ [德]叔本华:《作为意志和表象的世界》,石冲白译,北京:商务印书馆,1982年11月版(2017.11重印),第559页。

深深的宁静,不可动摇的自得和怡悦,那么我们就进到了"无"的境界,也就是一切美德的最后鹄的。在《作为意志和表象的世界》末尾,叔本华谆谆告诫道:

> 我们[不应该]怕它如同孩子怕黑暗一样;我们应该驱除我们对于无所有的那种阴森森的印象,而不是回避它,如印度人那样用神话和意义空洞的字句,例如归于梵天,或佛教徒那样进入涅槃来回避它。我们确实坦率地承认:在彻底取消意志之后所剩下来的,对于那些通身还是意志的人们当然就是无。不过反过来看,对于那些意志已倒戈而否定了它自己的人们,则我们这个如此非常真实的世界,包括所有的恒星和银河系在内,也就是——无。①

这份宛如古希腊德尔菲神庙上"认识你自己"(γνωθι σεαυτόν)的神谕一样的告诫,虽然在尼采的爱生性哲学的猛烈抨击下渐渐被人淡忘,但当我们深陷欲望的泥淖之中不可自拔之时,读一读这段文字,仍然会有无数的启迪。

---

① [德]叔本华:《作为意志和表象的世界》,石冲白译,北京:商务印书馆,1982年11月版(2017.11重印),第560—561页。

第三章　叔本华的影响

虽然不曾有过叔本华学派,但叔本华的影响既巨大又广泛,他已成为西方现代思想史绕不过去的人物之一。

正如此前介绍叔本华生平时已经表明的,在他生命的晚期,已有不少人关注并热情宣传他的思想观点,逮至十九世纪末二十世纪初,叔本华思想已经名正言顺成为欧洲语境中的前沿观点,此后他的书被广泛阅读,针对他的研究文章和著作也不断涌现。与同时代哲学家不同的是,叔本华哲学中显示出突出的艺术性,即他的文本结构清晰、鲜明和完整,语言有力、典雅、准确,"具有一种昂扬的才华、一种古典的纯净和寓严谨于轻松欢快的卓尔不群的格调,在此前的德国哲学家中从没有看到可与之比肩者"[①]。这其实是叔本华的自觉选择,他坚持一切语言"并不是只与修辞格发生关系,而是词

---

① [德]托马斯·曼:《多难而伟大的十九世纪》,朱雁冰译,杭州:浙江大学出版社,2013年版,第110页。

语的表达取决于深深地植根于事物内在本性的一种感受"①。这种形诸"现象"的美学,蕴含着"一种生活活力的、艺术家的天性,它只可能以美的形式表现出来,它只可能表现为个人的,通过其经历、受难的力量令人心悦诚服的真理创造"②。这些特点尤其让艺术家和那些热爱艺术的读者们深深折服。他们不仅对他那些"不合时宜"的文字字斟句酌,而且纷纷加以创造性地运用。据叔本华的传记作者克里斯托弗·贾纳韦的梳理,在这些深受影响的读者中,在现代文化思想进程中熠熠生辉的名字至少包括:瓦格纳、尼采、托尔斯泰、托马斯·哈代、托马斯·曼、马塞尔·普鲁斯特、维特根斯坦、马勒、里夏德·斯特劳斯、屠格涅夫、劳伦斯、贝克特和博尔赫斯等③。其实远不止此,与以上名字比肩而立的还有:克尔凯郭尔、奥尼尔、爱德华·冯·哈特曼、亨利·柏格森、马克斯·舍勒、杜威等;而写作过《叔本华与尼采》的格奥尔格·西美尔的生命美学何曾少得了叔本华的滋养?最值得添上的名字还应包括中国现代思想家中的杰出代表王国维、张东

---

① [德]叔本华:《自然界中的意志》,任立,刘林译,北京:商务印书馆,1997年版,第107页。
② [德]托马斯·曼:《多难而伟大的十九世纪》,朱雁冰译,杭州:浙江大学出版社,2013年版,第110页。
③ [英]克里斯托弗·贾纳韦:《叔本华》,龙江译,南京:译林出版社,2014年版,第121页。

苏、陈铨、宗白华等①。其中王国维借道叔本华,实现中国传统意境美学的现代转换,提出"有我之境""无我之境"等经典概念。宗白华于1917年在《丙辰》杂志发表《萧彭浩哲学大意》(萧彭浩即叔本华——伍按),是王国维之后专门介绍叔本华哲学的第一篇文章,1919年在《少年中国说》杂志复又发表《叔本华论妇女》,此后,他的美学研究和人生态度深深刻印着叔本华的印记。陈铨则著有《从叔本华到尼采》,系统地向中国读者介绍叔本华生平和哲学,直接催生了四十年代中国的"叔本华热",他自己的小说和戏剧创作也具有浓厚的意志论色彩。

叔本华留下的著作并不多,传世的包括:《充足理由律的四重根》(1813年)、《论视觉与颜色》(1816年)、《作为意志和表象的世界》(1819年)、《自然界中的意志》(1836年)、《论意志自由》(1839年)、《道德的基础》(1840年)、《伦理学的两个基本问题》(1841年,系《论意志自由》和《道德的基础》的合集)、《附录与补遗》(1851年)。在所有这些著作中,影响最深远的自然是他的"主要著作"《作为意志和表象的世界》,这也是叔本华核心思想的集散地。艾文·艾德曼在1928年写道:"在欧洲思想史上,他是非常伟大的思想家,

---

① 叔本华在中国的接受及影响可参阅成海鹰:《叔本华百年研究综述》,《现代哲学》2001年第3期,第107—111页。

也是一种创造了自我剖析心境的解释家。"他把"三种完全不同的人格因素结合在一起:世俗之人、思想家和文人",这是一部具有"诗人想象力和写实主义者精密论证的……哲学文艺作品"①。尽管如此,作为哲学家的叔本华和作为哲学著作的《作为意志和表象的世界》,如若离开哲学的巨大创造性,也断不能产生如此深远的影响:他和它回答了西方哲学的根本性问题。

西方哲学自米利都哲学家泰勒斯、阿纳克西曼德和阿拉克西米尼以来就存在两个常问常新的问题:"事物实际上是什么样子?""我们如何解释事物中的变化过程?"②生活在"多难而伟大的十九世纪"(托马斯·曼语)的叔本华给出了十分精彩的答案;对前一个问题他的答案是:意志。对后一个问题他的答案是:意志是万事万物存在的本质,世界是根据充分理由律体现出来的意志的表象。人们很长一段时间无法真正理解叔本华来自《奥义书》、柏拉图和康德的思想智慧,那是因为人们并未意识到"第一个以纯粹的形式正式提出""意志第一的学说"的哥白尼式革命,即反理性主义、现代意

---

① [德]叔本华:《作为意志和表象的世界》,刘大悲译,哈尔滨:哈尔滨出版社,2016年版,英译者序言第6页。
② [美]撒穆尔·伊诺克·斯通普夫,[美]詹姆斯·菲泽:《西方哲学史》,邓晓芒,匡宏等译,北京:北京联合出版社,2019年版,第7页。

志论哲学的奠基作用①。因为,表面上,这种回答方式源远流长,尤其是卢梭和康德曾以特有的思想胆识,洞察到人类意志的价值,但只有到了叔本华手里,才真正自觉到它的本源与人类存在的合理关系。深受叔本华影响的德国伟大作家托马斯·曼把叔本华回答人类根本问题方式之价值归结为充满着未来情怀的"悲观主义仁爱","它富有精神内涵的感性生活、他的作为生命的学说:认识、思维、哲学不仅是头脑的事,而且是整个的人以其心和感官,以其肉和灵全力投入的事……属于一种超越理性枯燥和本能神化的人性,并可能有助于创造这种人性"。② 正因如此,托马斯·曼称叔本华的意志论具有面向未来的现代性特质。事实上,叔本华的影响也正是在现代性这一脉络上展开的。无疑,尼采、维特根斯坦和王国维在叔本华接受史上是三位具有典型意义的人物。

一、"我的哲学之师叔本华":对尼采的影响

可以毫不夸张地说,自觉地把叔本华思想纳入现代性的是尼采,而受叔本华影响最大的哲学家也非尼采莫属。

---

① [英]勃特兰·罗素:《西方哲学史》(下),解志伟,侯坤杰译,北京:应急管理出版社,2019年版,第237页。
② [德]托马斯·曼:《多难而伟大的十九世纪》,朱雁冰译,杭州:浙江大学出版社,2013年版,第166页。

在《作为教育家的叔本华》一文中,尼采声称,"你的真正的教育家和塑造家向你透露,什么是你的本质的真正的原初意义和主要原料,那是某种不可教育、不可塑造之物,但肯定也是难以被触及、束缚、瘫痪的东西:除了做你的解放者之外,你的教育家别无所能"[1]。正是在这样的意义中,尼采视叔本华为自己的哲学导师。尼采声称叔本华教导他在思想上和生活上回归不合时宜的简单和诚实,在他的眼里,叔本华真诚、欢快而坚韧,他为自己写作。毋庸置疑,年轻的尼采早就深刻地体认到他那个时代(也是叔本华时代)人心的复杂和"不诚实",他在"困苦、需要和渴求中","结识了叔本华"。[2]

尼采初次阅读叔本华的著作当是 1865 年,那时叔本华刚刚去世五年。他称自己属于叔本华最真挚的"粉丝",只要翻开他的著作的第一页,就情不自禁地会去阅读整本书,会真心地倾听他说的每一句话。

尼采认为因为定位为自己写作,所以叔本华从来不想出风头。他的作品一方面恳切、直率、善意;另一方面又能够朴素地说出深刻的真理,没有华丽的辞藻却能抓住听众,丝毫

---

[1] [德]弗里德里希·尼采:《我的哲学之师叔本华》,周国平译,北京:北京十月文艺出版社,2019 年版,第 63 页。
[2] [德]弗里德里希·尼采:《我的哲学之师叔本华》,周国平译,北京:北京十月文艺出版社,2019 年版,第 71 页。

没有学究气却表达了严密的科学理论。尼采把叔本华与欧洲文学史上诸如歌德、莱辛、蒙田相提并论,认为他融合了他们所体现出来的真正的诚实、欢快和坚韧。"叔本华给我留下的近于生理性的第一印象,一个自然生长物的最内在力量向另一自然生长物的魔术般的涌流,这涌流在它们乍有了极轻微的接触时便立即发生了。"①在叔本华身上,尼采感受到幸福和惊奇,他毫不讳言地称自己不仅是叔本华的读者,而且是叔本华的继承者,是其弟子和儿子。不像康德固守大学,服从政府,维持虚假的宗教信仰,容忍同事和学生中的相同信仰,从而成为学院教授和教授哲学家的范例,叔本华洁身自好,竭力独立于国家和社会,他在康德之后,带领我们走出怀疑主义的不满或批判哲学的虚空,成长为一个人性的范例,他是雪莱、荷尔德林、贝多芬、歌德、瓦格纳一样的人物,而且经历着比他们更为长久和深刻的孤独、对真理的绝望以及不受欲望支配与热烈渴望交织一体的天才的二重性,叔本华以充沛的精力抵御了它们,健康正直地从中返身而归,他在自己身上战胜了时代。尼采认为叔本华站在整幅生命画面之前,解释生命的完整意义,而其他人仅仅研究画布的颜色。他追踪生命之画的全景,一如哈姆雷特追踪幽灵。作为

---

① [德]弗里德里希·尼采:《我的哲学之师叔本华》,周国平译,北京:北京十月文艺出版社,2019年版,第76页。

现代哲学家的叔本华属于生命和求生命意志的最积极的支持者之列,他必然要遭遇来自时代旧哲学的危险,他终其一生都在反抗时代阻碍他成就伟大的东西,他把无畏的目光投向"生命究竟有什么价值"这个问题,他胸有成竹地、自由地、完全地成为他自己,由此,深受诅咒的生命得到解放。[1]

尼采认为,现代性相继树立了三种人的形象:卢梭型的人、歌德型的人和叔本华型的人。第一种形象如同熊熊的烈火,具有广泛的影响,这种形象的人乐于革命;第二种属于少数人,拥有伟大的风格,具有静观的天性,被多数人误解,这种形象的人缺乏逼人的力量,某种意义上,甚至起着校正和镇定卢梭型人物危险的亢奋力量;第三种要求最活跃的人做它的观察者,他们甘愿为真诚而受苦,为的是戒掉自己的人性,准备好彻底改造和转变自己的本性,从而实现生命的真正意义。这种人更容易被人认作魔鬼而不是浮士德,然而这绝对是也已丧失神性而相当世俗化了的人的偏见。叔本华型的人,"单纯而极其泰然对待他自己和他的个人幸福,他的认识中燃烧着熊熊烈火,不像所谓科学型的人那样抱着冷漠卑劣的不偏不倚态度,完全不屑于从事阴郁沉闷的观察,始终奋不顾身地为认识到的真理献身,最清醒地意识到他的真

---

[1] [德]弗里德里希·尼采:《我的哲学之师叔本华》,周国平译,北京:北京十月文艺出版社,2019年版,第95—96页。

诚必定会招致怎样的苦难"[①]。他牺牲了尘世的幸福,却追问为何活着的问题,"负着人的形象上升"[②]。他用行动证明"对真理的爱乃是一种可怕的和强有力的东西"[③]。

尼采之所以被叔本华吸引,总体上有三个原因:其一是叔本华对于痛苦和邪恶的敏感性,以及他对待这两者所产生的问题的诚实态度。其二是二人试图理解生活于一个被悲愁和死亡所主宰的世界中所具有的价值方面极为相似。[④] 我认为不能忽视第三点,那就是尼采认为叔本华的哲学推翻了当时弥漫着的以费希特为代表的乐观主义,让人们认识人生的本来面目,而且建构一种悲剧艺术去求取解放。

可以毫不夸张地说,尼采在理论和经验上全面地继承了叔本华哲学意志论和非理性主义,这从他的某些美学思考所陷入的误区更能辨识清楚。第一个误解是针对康德的。康德在《判断力批判》中有一个著名命题"美是无功利的",尼采并不认同。他坚持"审美状态乃是陶醉",这显然与康德的观

[①] [德]弗里德里希·尼采:《我的哲学之师叔本华》,周国平译,北京:北京十月文艺出版社,2019年版,第110页。

[②] [德]弗里德里希·尼采:《我的哲学之师叔本华》,周国平译,北京:北京十月文艺出版社,2019年版,第97页。

[③] [德]弗里德里希·尼采:《我的哲学之师叔本华》,周国平译,北京:北京十月文艺出版社,2019年版,第188页。

[④] [美]戴维·E.卡特赖特:《叔本华传》,何晓玲译,杭州:浙江大学出版社,2018年版,第94—95页。

点相对立,他批评康德的"无功利"概念混淆和玷污了关于艺术、美、认识、智慧的谈论。但海德格尔指出,这一认识并非源生于康德,而是从叔本华对康德的曲解中而来。按照叔本华的理解,"审美状态就是意志的脱落,一切欲求的平息,是纯粹的休息,纯粹的不再意愿,在冷漠无趣状态中的纯粹漂浮"①。叔本华认为自己确切无误地继承了康德的"审美无功利说",但海德格尔指出,在康德那里"功利"的真正意思是"我关心某事","审美的无功利"则指"为了感受某物是美的,我们必须让与我们照面的事物本身纯粹地作为它自身,以它本身的等级和地位出现在我们面前。我们不能从一开始就着眼于某个他物,着眼于我们的目的和意图,着眼于我们可能的享受和利益来考虑它。对于美之为美的行为和态度,以康德的说法,乃是自由的喜爱(freie Gunst)。我们必须使与我们照面的事物本身在它所是的东西中开放出来,我们必须把它本身所含的东西和带给我们的东西让与和赐予给它"②。这意味着审美并非一种脱离了意志的冷漠无趣状态,所以,当尼采指责康德的"无功利"是对审美的"混淆""玷污"时,他是在叔本华意义上所说的。第二个误解是针对古希腊悲剧

---

① [德]海德格尔:《尼采》(上卷),孙周兴译,北京:商务印书馆,2002年版,第118页。
② [德]海德格尔:《尼采》(上卷),孙周兴译,北京:商务印书馆,2002年版,第119页。

的。尼采的悲剧理论是彻底对抗温克尔曼(J.Winckelmann)以来古典主义趣味的,他把悲剧在古希腊的解体与变化局限于美学语境中,按照本雅明的看法,尼采"放弃关于悲剧神话的历史哲学的认识",也就是说,尼采没有理解成为悲剧主体的神话故事及其戏剧化所具有的历史哲学意义。本雅明所谓的"历史哲学"指的是,在悲剧中,"由于自己有罪,由命运而被强制牺牲赎罪的主人公确实通过服从命运而从神的法令逃脱。主人公把难以表现的反抗斗争封闭于自我的深层,由于蒙受牺牲这一悲剧性死亡而承认神的法令的正当性,由此'代表性行为',自己民族的共同体的生命及其新法才成为可能"[1]。因此,古代悲剧除了是审美实体,更是神与人的经验的历史哲学性对峙的结果,也就是尼采所强调的悲剧中狄奥尼索斯的个体强烈的经验,需从神话、悲剧、启蒙三者的关系上把握,重视其中的悲剧与语言构成的共同性基础,这样尼采美学化个人经验的强度与共同性的状态,就会在和平的语境中寻求解决之道,而不会为了硬性地追求经验强度的美学幻觉,不惜复活现代并不存在的悲剧,从而促成纳粹的强力意志和暴力行动。

这两个误解其实都根源于叔本华。倘若尼采不是依赖

---

[1] [日]今村仁司等:《马克思、尼采、弗洛伊德、胡塞尔:现代思想的源流》,周秀静等译,石家庄:河北教育出版社,2001年版,第132页。

叔本华的"导读",而是直追康德本人,他就会认识到,康德所说的"无功利"与他所表达的美的决定性因素"自由地陶醉"是不谋而合的。又或者尼采不是基于叔本华以及崇奉叔本华悲剧美学的瓦格纳的理论,那么他也不会把悲剧看成一个单纯的审美实体,因为明眼人很容易理解,悲剧不可避免地还是一个社会事实。

尽管如此,继承叔本华终归不是尼采的目的,继承是一种手段或方法,他所要达到的乃是更为宏大的目的,那就是在"上帝已死"的语境下,重估西方的一切价值,重造人的世界。

总之,尼采继承又发展了叔本华的思想,这首先体现在运用叔本华的悲观主义,让沉溺于肤浅惰性的欧洲乐观主义者看清人生的本来面目,然而乐观主义本身是叔本华哲学方法所无法真正推翻的。叔本华认定人是意志或欲望的存在物,一切表象均是幻象,欲望无穷无尽,人生充满痛苦,人生的根本乃是"在痛苦和空虚无聊之间抛来抛去"[①]。想要免去痛苦,只有沉醉于哲学、艺术或宗教的苦修,但这些仍然不过人生片刻的解脱,欲望还是无法根绝,并由此证明人生不过是一场彻头彻尾的悲剧。所以,尼采认为不论是叔本华的形

---

① [德]叔本华:《作为意志和表象的世界》,石冲白译,北京:商务印书馆,1982年11月版(2017.11重印),第51页。

而上学还是其艺术救赎论,对于人生,最多只能算是一种麻醉剂,很可能使欧洲文化走入堕落的境地,这也是他后来的双重抗争中必然包含对康德和叔本华一类"哲学工匠""满足于开列现存价值清单,或者以既定价值的名义对事物进行批判"①的抗争以及批判瓦格纳音乐的原因。在根本的意义上,尼采当然赞成和相信叔本华的艺术论,但不同的是,在后者,"艺术是一种反映存在的手段而非存在本身";在前者,"艺术是目的或'为艺术而艺术'"②。尼采从希腊悲剧艺术中抽绎出酒神精神和日神精神,认为二者直视人类的意志和自然的残酷,"艺术拯救他们,生命则通过艺术拯救他们而自救","在意志的这一最大危险之中,艺术作为救苦救难的仙子降临了。唯她能够把生存荒谬可怕的厌世思想转变为使人借以活下去的表象"③。显然,叔本华哲学中充满磨难的"意志"或"生命意志"被尼采改造为"权力意志",并且与被动承受的"生命意志"相对立。尼采强调"生命是'权力意志',调动生命的热情,激发生命的活力,立身行事于当世(而不是

---

① [法]吉尔·德勒兹:《尼采与哲学》,周颖,刘玉宇译,北京:社会科学文献出版社,2001年版,第2页。
② 周春生:《艺术的逃遁与艺术的拯救——论叔本华与尼采艺术哲学的差异》,《哲学研究》1997年第8期,第75—81页。
③ [德]尼采:《悲剧的诞生——尼采美学文选》,周国平译,北京:生活·读书·新知三联书店,1986年版,第28—29页。

被动地反映)"①。他认为一切的根本,并非快乐与不快乐的问题,而是力量的问题,充满力量的意志,是达到人生辉煌的唯一方法。尼采因此逻辑地提出了"超人"理论:"我给你们教授超人。人是一种应该被超越的东西。……难道你们愿做正壮潮中的落潮,您愿退化为动物而不为超人吗?……超人是尘世的精义。……超人即海洋,你们伟大的轻蔑会在海洋中沉没。……看呀,我是闪电的宣告者,是从乌云里降下的沉重雨滴:这闪电就叫超人。"②也就是说,超人是在尘世中,又摆脱了所谓尘世幸福、理智和美德的新的生命形态,肩负着强大的"权力意志",不断地努力,不断地超越,有无限的勇气克服一切末人或衰人的委顿。痛苦越多,超人的人格表现越伟大。

叔本华的哲学是面向虚无的,但在他眼里,虚无并非形而上学的终极,而是指意志的过程本身,因此,反过来可以说,虚无也是一个意志的过程。这样,叔本华就使自己的悲观主义思想形成了"僵化"的特征,也就是,在绝对的无休止奔波的意志世界里,理念性的栖居点已被取走。叔本华未能在个体性及其相互关系中看到一个开始者或者结束者。正

---

① [美]罗伯特·C.所罗门,凯瑟琳·M.希金斯:《尼采到底说了什么?》,于卉芹译,北京:新华出版社,2012年版,第14页。
② [德]尼采:《查拉图斯特拉如是说》,黄明嘉译,桂林:漓江出版社,2000年版,第6—9页。

是这种僵化性特征使他对每一种发展思想由衷地感到陌生,他的目光被催眠式地束缚在此,一切在统一性焦点上,不知道变化,不知道生命方向的内部改变,而只知道令人绝望、不可变化的本质,由此也看不见发展之连续性的意义。① 这就是尼采对叔本华的批判,他后期的永恒轮回思想正是对虚无的否定。这样,尼采用进化论的姿态混合着永恒轮回思想,消除了叔本华浪漫的悲观主义的"消极"性,从而确立自己的"积极"的古典或狄奥尼索斯的悲观主义。②

罗素对叔本华的总体评价并不太高,并且从知人论世的哲学史角度出发,怀疑叔本华学说的真诚,认为他的哲学前后不一致而且有些地方肤浅,但他不得不承认,"叔本华有两点是比较重要的:他的悲观主义和他的意志高于认识的学说"③。尼采正是在根本的意义上继承和改造了这两点,才成为现代性思想的真正开启者。

---

① [德]格奥尔格·西美尔:《叔本华与尼采》,莫光华译,北京:商务印书馆,2019年版,第112页。
② 陈铨:《从叔本华到尼采——陈铨德国哲学文集》,西安:陕西人民教育出版社,2016年版,第125页。
③ [英]勃特兰·罗素:《西方哲学史》(下),解志伟,侯坤杰译,北京:应急管理出版社,2019年版,第237页。

二、"可说与不可说":对维特根斯坦的影响

维特根斯坦(1889—1951)在叔本华逝世二十九年之后生于奥地利,后加入英国籍。他是语言哲学、当代解构主义、反本质主义哲学思想的奠基人,是二十世纪最有影响的哲学家之一。维特根斯坦深受叔本华影响,他的问题意识来自叔本华:如果说叔本华依然操着古典口气谈论人的问题,那么维特根斯坦便是以现代口气谈论同一个问题。

维特根斯坦最亲密的学生和朋友马尔康姆写道:"1916年的一个笔记本……讨论的主要是自我、意志自由、生命的意义和死亡等问题。……这些笔记表明维特根斯坦受到叔本华的强烈影响。"[1]维特根斯坦自己在1931年的一条笔记里列出了对他的思考有过影响的人:玻尔兹曼、赫兹、叔本华、弗雷格、罗素、克劳斯、路易、斯宾格勒、斯拉法……名单上,叔本华是除弗雷格和罗素之外仅有的哲学家[2]。维特根斯坦是通过姐姐格雷特接触叔本华的。那时候他还是林茨

---

[1] [美]诺尔曼·马尔康姆:《回忆维特根斯坦》,李步楼、贺绍甲译,北京:商务印书馆,1984年版,第8页。

[2] [英]罗杰·M.怀特:《导读维特根斯坦〈逻辑哲学论〉》,张晓川译,重庆:重庆大学出版社,2018年版,第7页。也可参阅[英]路德维希·维特根斯坦:《维特根斯坦笔记》,[芬]冯·赖特、海基·尼曼编,许志强译,上海:复旦大学出版社,2008年版,第32页。

实科中学的一名中学生,就确立了自己人生的总体态度,其核心是:不隐藏"自己之所是",即诚实地生活。以此为契机,他向人们坦承自己不相信基督徒须相信的东西,这当然是一个令少年维特根斯坦焦虑的诚实行为,为了帮助他了解对失去信仰的哲学反思,格雷特向他推荐叔本华的著作。他读的是《作为意志和表象的世界》,其中的先验观念论注定会吸引一个失去宗教信仰正在寻找替代物的少年,因为如我们所知,叔本华承认人对形而上学的需求,但他并不相信宗教,他认为一个智性诚实的人不必也不可能相信宗教学说的字面意思的真确性。叔本华表示,指望人们诚实地信仰宗教,如同需要巨人穿上侏儒的鞋子。[1] 少年维特根斯坦十分迷恋叔本华,"直到开始学习逻辑、服膺而接受了弗雷格的概念实在论之后维特根斯坦才放弃了叔本华的观念论。但即便在那之后,在写作《逻辑哲学论》的一个关键时期他又回到了叔本华,那时他相信自己达到了观念论和实在论的一个契合之点"[2]。不过在谈论叔本华对维特根斯坦的影响时,有两点值得我们注意,一是,维特根斯坦本人在他早期代表作《逻辑哲学论》和后期代表作《哲学研究》中均未正面提到叔本华;二

---

[1] [英]蒙克:《维特根斯坦传:天才之为责任》,王宇光译,杭州:浙江大学出版社,2014年版,第18页。
[2] [英]蒙克:《维特根斯坦传:天才之为责任》,王宇光译,杭州:浙江大学出版社,2014年版,第18页。

是,几乎所有维特根斯坦传记也仅仅提到叔本华对维特根斯坦少年时期的影响,认为后期整个都在弗雷格和罗素的影响之下,"叔本华的幽灵在《逻辑哲学论》中的某些地方仍留有踪影,但到这时,也只是作为有待祛除的幽灵而已"①。这种认识实际上是片面的。纵观维特根斯坦的哲学,无论早期基于本质主义的逻辑哲学还是后期基于反本质主义的语言哲学,都深藏着叔本华的身影。

首先我们必须承认,叔本华对维特根斯坦的影响不应是传记或励志意义上的,而是观念、趣味的契合。有一个例子很能说明问题,就是两人对瓦格纳音乐的看法。叔本华曾说,瓦格纳的音乐比不上其中的散文优美,维特根斯坦也有类似看法:"瓦格纳的音乐动机可以被称之为是有音乐性的散文句子。正因为有'节奏散文'之类的东西存在,所以这些动机也能够以旋律的形式组织在一起,而不是将它们构成一个旋律。瓦格纳式的戏剧甚至也算不上是什么戏剧,它将各种情境撮合在一起仿佛是串在一根线上,其作用仅仅在于灵巧地编织,而不是将那种动机和情境鼓动起来。"②

据说,《作为意志和表象的世界》是维特根斯坦唯一通读

---

① [英]罗杰·M.怀特:《导读维特根斯坦〈逻辑哲学论〉》,张晓川译,重庆:重庆大学出版社,2018年版,第7页。
② [英]路德维希·维特根斯坦:《维特根斯坦笔记》,[芬]冯·赖特,海基·尼曼编,许志强译,上海:复旦大学出版社,2008年版,第72页。

过的哲学著作。他读得十分认真,甚至特别注意到《作为意志和表象的世界》的文体,并且有过令人惊讶的思考:"一种文体的表现手法可能是有用的,而我也许被禁止使用它。以叔本华的'作为什么'('作为什么'als wehcher,此处疑指叔本华的著作《作为意志和表象的世界》;它代表典型的叔本华的文风——伍按)为例。有时它的这种笔法会使表达变得更加清楚也更加宜人,但只要某个人感觉它是作废了,他就无法使用它,而且他也肯定不会漠视这种感觉的。"[1]与一般哲学家读书方式不同,维特根斯坦不追求基本概念或哲学家个人思想特征,而是根据自己的兴趣、喜好进行阅读。"维特根斯坦没有系统地读过哲学的经典著作,他只读过他能全神贯注地吸收的东西。……青年时他就读过叔本华的著作。……从斯宾诺莎、休谟和康德他只能达到一些偶然的、片断的领悟……他读了并且喜欢柏拉图。他必定从柏拉图的文学和哲学方面以及从这些思想后面的气质这两方面认出了彼此相同的特点。"[2]他从叔本华的著作中看到了什么呢?他看到了自己曾经思考的问题,就是对人生的观察与精神的不朽追求,他把叔本华的思想看作一望见底、清晰透彻的河流,从叔

---

[1] [英]路德维希·维特根斯坦:《维特根斯坦笔记》,[芬]冯·赖特、海基·尼曼编,许志强译,上海:复旦大学出版社,2008年版,第123页。
[2] [美]诺尔曼·马尔康姆:《回忆维特根斯坦》,李步楼、贺绍甲译,北京:商务印书馆,1984年版,第17页。

本华非常清晰的思想中找到了自己所渴望的人身自由及思想的创造性。"叔本华思想中表现出来的强烈的孤独感,以及从精神和意志中创造世界的勇气,对维特根斯坦的影响是相当深刻的。"①

叔本华的哲学充分依赖经验,维特根斯坦也是如此。他像叔本华一样热爱音乐,精通音乐,研究和评论音乐,音乐是他们的哲学思考的对位法。请看下面一段评论:

> 托维这个蠢驴在一个什么地方说过类似的话,他说,这是由于莫扎特事实上没有接触过某种文学。好像大师们的音乐一直被证明是单独由书本创造的。当然,音乐和书籍是有联系的。但是,假如莫扎特没有读到过伟大的悲剧,难道这是说他在生活中就没有遭遇过它吗?难道作曲家除了通过诗人的眼镜片就从来没有看见过任何东西吗?②

像极了叔本华的口吻。为何如此?这与他们生活态度及性格极为相似很有关系。叔本华主张"意欲(性格)素质和

---

① 江怡:《维特根斯坦传》,南京:江苏人民出版社,2018年版,第23页。
② [英]路德维希·维特根斯坦:《维特根斯坦笔记》,[芬]冯·赖特,海基·尼曼编,许志强译,上海:复旦大学出版社,2008年版,第138—139页。

智力素质是互不相干的","我们永远不可以从一种良好的智力推断出良好(善良)的意欲;也不可以从后者推断出前者","每个不带偏见的人都应该把意欲与智力两类素质彼此完全分开,识别其各自的存在只能在生活实践中进行"①。而维特根斯坦几乎说过同样的话:"'智慧是灰色的',生活和宗教却充满了色彩。"②在学生眼里,维特根斯坦真实、坦诚,自我意识极为强烈,有着悲观主义意识,但对具体的生活又充满美好的渴望,其原因如马尔康姆注意到的,"维特根斯坦从哲学、宗教和诗歌的边缘领域的作家那里受到的影响,较之从严格意义上的哲学家那里受到的影响更为深些"。前者有:圣奥古斯丁、克尔凯郭尔、陀思妥耶夫斯基和托尔斯泰③。范坡伊森同样敏锐地意识到维特根斯坦的抑郁、浪漫和神秘的生活和哲学气质来自托尔斯泰、陀思妥耶夫斯基以及克尔凯郭尔的"叙事性哲学"所施加的影响④。但马尔康姆和范坡伊森也许忘记了,托尔斯泰、陀思妥耶夫斯基和克尔凯郭尔无

---

① [德]叔本华:《叔本华哲言录》,韦启昌编译,上海:上海人民出版社,2016年版,第14页。
② [英]路德维希·维特根斯坦:《维特根斯坦笔记》,[芬]冯·赖特,海基·尼曼编,许志强译,上海:复旦大学出版社,2008年版,第109页。
③ [美]诺尔曼·马尔康姆:《回忆维特根斯坦》,李步楼,贺绍甲译,北京:商务印书馆,1984年版,第17页。
④ [荷]C.A.范坡伊森:《维特根斯坦哲学导论》,刘东,谢维和译,成都:四川人民出版社,1988年版,第17—18页。

不服膺于叔本华的诗化的哲学言说,他们本来就置身于叔本华哲学谱系中,更为重要的一点是,除了罗素吹毛求疵的印象,叔本华在朋友和学生们眼中不也是这般模样?

性格和生活气质上的相似只是维特根斯坦接受叔本华影响的基础,实际上是否受到影响则要看他们之间的思想观点的联系。虽然我们指出过,维特根斯坦在其主要代表作中从未正面提到过叔本华的名字,但其中暗度陈仓的表述,却能清晰地表明叔本华的思想痕迹。

在《逻辑哲学论》及《维特根斯坦笔记》中有不少地方都可见叔本华著作中的核心思想,比如:"有善良的意志、邪恶的意志或没有意志,还是没有意志的人就快乐?""爱自己的邻居意味着有所欲求。""但是,如果一个人想要的东西并没有得到满足,他会不快乐吗?(这种可能性总是存在的。)"[①]"整个现代的世界观念是建立在一种错觉上的,即所谓的自然法则是对自然现象的解释。""我们觉得,当所有可能的科学问题都得到解答后,却完全没有触及生活问题。"[②]等等。这些文字中的每一个字,连隐喻和意象,都来自叔本华。麦克多诺曾指出,维特根斯坦不仅从叔本华那里接受了符合自

---

① Bryan Magee, *The Philosophy of Schopenhauer*, New York: Oxford University, 1983. p.311.

② Bryan Magee, *The Philosophy of Schopenhauer*, New York: Oxford University, 1983. p.315.

己哲学的认识论和本体论,而且接受了对他而言更为重要的东西,比如道德、美学、宗教或准宗教观念①。

所以,我们可以肯定地说,叔本华的影响可以覆盖维特根斯坦前后期的哲学思考。"前期主要表现为唯我论,后期主要表现为语言的使用,并可以展现为与哲学从本体论、认识论再到语言哲学相类似的进程,就联系方式而言,这种关系可以表现为对叔本华哲学的革新与改造。"②

首先看前期所受影响。

杨玉昌曾经拿《作为意志和表象的世界》与维特根斯坦早期代表作《逻辑哲学论》作比较。他很有见地地指出,由于二人早期都存在着理性主义与神秘主义的纠结,因而两部著作在结构和主题上有诸多相似之处。首先,他们都以"世界"开头而以"神秘"结束。《作为意志和表象的世界》第一句话是"世界是我的表象",最后一句话是"我们这个如此真实的世界"对于已经否定了意志的人们来说就是"无"。《逻辑哲学论》的第一句话是"世界就是所发生的一切东西",最后一句话则是"一个人对于不能谈的事情就应当沉默"。其次,两部著作在本质上都是以伦理学作为核心主题。叔本华反对

---

① [美]R.麦克多诺:《评〈天才与奇才:叔本华对维特根斯坦早期哲学的影响〉》,张国洪译,《国外社会科学》1994年第4期,第79—81页。

② 陶黎铭:《后期维特根斯坦是否告别了叔本华》,《复旦学报》(社会科学版)1993年第1期,第71—76页。

欧洲传统哲学将形而上学与伦理学相区别的做法,申明自己的哲学要把二者结合起来。伦理学不仅是《作为意志和表象的世界》的核心内容,也是占比和影响最大的部分。《逻辑哲学论》虽然被众多研究者认为排斥了形而上学和伦理学,但维特根斯坦本人却坚持这是一本关于伦理学的书。在写给L.V.费克尔的一封信中,维特根斯坦谈到《逻辑哲学论》的手稿时说过这样一番话:"这本书的主旨是伦理的。有一句话我曾想写在序言里,但事实上并没有写,我现在把它写给你……我的著作是由两部分构成的:写在此书中发表出来的再加上我没有写出来的。而重要的却正是这第二部分。我的书可以说是从内部给伦理的东西的范围划分了界限。"①

进一步看,维特根斯坦相信,世界的事实性(facticity),不能再从上帝的存在加以说明或者逻辑地推导出来②。逻辑的归纳(induction)和"对于永恒的"神秘知觉,是两种不同的向度,其中一个可以被逻辑地道出,而另外的一个却被证明是不可言说的。在叔本华哲学那里,情况也是一样,甚至可以说更是如此。从某种意义上说,叔本华既是莱布尼茨思想的拥护者,又是它的反对者。他和莱布尼茨共同关心的一个

---

① 转引自徐应江:《维特根斯坦美论:从"本质"到"家族相似"》,《社会科学家》1993年第2期,第86—93页。
② [荷]C.A.范坡伊森:《维特根斯坦哲学导论》,刘东、谢维和译,成都:四川人民出版社,1988年版,第23页。

基本问题是事实世界(factual world)之原因的问题,叔本华的博士论文所确定的"充足理由律"即来自莱布尼茨。不过在叔本华那里,充足理由律是表象世界的逻辑规则。叔本华的意志论背离莱布尼茨而青睐康德,即对事实本质的解释来自意志,严格讲,并不存在自然的规律,而只存在着类乎规律的、体现我们意志能力的诸规则性和诸形式。叔本华的悲观主义哲学认为世界首先是在实践的层面上,而不是在理论的层面上,成了问题:关键的不是"世界为什么会存在",而在于"为什么它必须存在",这样的问题并不是来源于我们的知性或理性能力,而是来源于非理性的意志。人的幸福与永恒的问题也与我们的意志紧密相关。"世界"关联着"人生"。科学和理论的概念世界受制于非理智的行动意志。在意志中,人远远不是一种对象,而是一种非理性的主体,一个"自我"。

维特根斯坦也像叔本华那样区分了作为表象的(对象、由逻辑构成的)世界和作为意志的(不可表达的、与"自我"相关的意志的)世界。他也像叔本华那样关心幸福和永恒的形而上学的问题。不过这些问题表述的路径有了变化,即从一种语言分析和语言批判的观点加以解决。这种新路径的发现得益于F.毛特纳(Fritz Mauthner)。毛特纳认为,如果说,叔本华曾经寻求过某种对于世界的最终解释,并且相信在"意志"中找到了它,那么他是被语言的抽象耽误了。因为语言是有缺陷的求知工具,是一架用完必须扔掉的梯子。叔本华那个非理性的"自我"对于知识而言毫无意义,因为这是一种激情的呼号,一种"喋喋不休的重复"(babbling tautology)。一种关于事实的逻辑是不可能的,同时被看作"尺度"的东西,也不是建立在某种处于事物本性之中的东西之上,而只是意指着一种由人建立的尺度。同样,维特根斯坦也反对"事实的逻辑",并且也针对形而上学进行语言批判,甚至也认为"自我"的说法是不可能的。但由于受到其他方面的影响,例如马赫、弗雷格、罗素、怀特海等,当他在毛特纳语言批判的基础上建立一种似真价值并且希望借此抵达一种逻辑的尺度体系时,他不禁扔掉了毛特纳这把梯子,但并未像范坡伊森所言,同时扔掉滋养他哲学幼芽的叔本华这把梯子。[1]

总之,叔本华和早期维特根斯坦都站在现代世界的临界点上,批判和否定柏拉图主义的彼岸世界,但都保留着二元世界的划分。为此,叔本华提出关于世界的意志和表象的理论。叔本华把语言看作是理性的第一产物,认为语言是以概念的形式表达出来的,因此,分析语言就得从概念开始,他指出概念必须与现有世界相一致,对现有世界有所指才有具体内容,只有直观才能告诉我们关于这个世界的事实。叔本华

---

[1] [荷]C.A.范坡伊森:《维特根斯坦哲学导论》,刘东,谢维和译,成都:四川人民出版社,1988年版,第23—26页。

尖锐地批判了黑格尔主义脱离现实世界的抽象思辨认识论，开创了西方哲学史上具有革命意义的新途径。这一点对早期维特根斯坦影响不小。早期维特根斯坦认为，命题的意义标准在于可证实性，基本命题是否具有真理性在于它们与事实处于怎样的关系之中，就是说，命题作为实在图式，其真假必须靠拿它和实在的比较来决定，单单图示本身无法说明真假。正是在此意义上，维特根斯坦区分了"可说的"与"不可说的"。可见叔本华与早期维特根斯坦均否定了传统西方形而上学理论，主张将语言的意义同现实世界联系起来，反对抽象与孤立地追问语言和概念意义。[1] 这是不可忽视，也是弥足珍贵的影响。

再看后期所受影响。

学界基本上否定叔本华与后期维特根斯坦思想存在关联，原因是维特根斯坦前后期思想已经判若两人，而且，后期思想影响来自罗素和弗雷格，也是有据可查的确切事实，但显而易见的根据并不能完全遮蔽与叔本华之间隐秘的联系，正如我们无法断然分开前后期的维特根斯坦本人一样。

我们业已指出，早期维特根斯坦的语言理论深受叔本华概念理论影响。按照陶黎铭的看法，其实他晚期的语言理论

---

[1] 杨玉昌：《叔本华与西方现代哲学——以克尔凯郭尔、尼采和维特根斯坦为例》，《中山大学学报》（社会科学版）2003年第1期，第53—58页。

也与叔本华的概念理论有关,构成其后期哲学主要内容的语言游戏、家族相似等理论,是对叔本华关于概念游戏与含义圈理论的发挥与发展。[1]

叔本华从概念是抽象表象出发提出"含义圈"理论。在他看来,每一概念的意义范围即含义圈,与其他概念的含义圈总有一些共同的地方。比如有甲、乙两个概念之间的联系包括五类:第一类甲等于乙;第二类甲包括乙;第三类甲包括乙、丙等等;第四类甲乙互相包含对方的一部分;第五类甲乙同属于丙,但不等于丙。他认为,所谓判断就是从概念的这种联系中产生的。叔本华认为,如果主观任意运用概念,就会产生玩弄概念游戏的危险。他以"旅行"这一概念为例加以说明。"旅行"这个概念的含义圈可以部分地套入"费钱""健康""收集经验的充分机会""铲除无聊"等四个含义圈,并随之展现为一个巨大的概念网络。游戏者可以按自己的意图任意地由一个概念过渡到其中另一个概念。因此,以此为推论起点,可以得出不同的结论。基于这一认识,叔本华批评了以往的理性主义哲学,认为这些哲学由于概念的含义圈既不够严格,又与多方交叉,再加上人们随心所欲地使用,因

---

[1] 陶黎铭:《后期维特根斯坦是否告别了叔本华》,《复旦学报》(社会科学版)1993年第1期,第71—76页。

此其结论尽管形式上完全正确但也变得不可靠了。①

后期《哲学研究》中,维特根斯坦批判了《逻辑哲学论》,他抨击把语言看成是抽象的准数学运算这样的语言概念,强调语言的社会实践性,并声明是由松散结合的"语言游戏"聚集而成,语言游戏的全体构成一种生活方式。这样,他在抛弃逻辑原子主义和图像论的同时,也把本质主义抛弃了,走向反本质主义。"语言游戏"说的核心含义可以概括为四点:第一,语言是人的一种活动,它像游戏一样没有本质;第二,符号、词和语句有无数种不同的用途;第三,使用词和语言并不是为唯一的目的服务;第四,语言游戏要遵守规则,但是遵守规则会产生悖论。他还相应地提出了"家族相似"论,其含义是:第一,一个家族的成员与另一个成员之间总有相似之处;第二,一个家族中成员的相似之处,不一定就是与第三个成员的相似之处;第三,在每一个家族中,有相互重叠、交叉的相似关系,家族成员之间有时大部分相似,有时小部分相似,但不存在一个相似之处是所有成员共有的。即"被我们称之为'语句''语言'的东西并没有我们所想象的那种形式上的统一性,而是一个由多个相互关联的结构组成的家族"。维特根斯坦把"语言游戏"与"家族相似"论有机地联系在一

---

① 陶黎铭:《后期维特根斯坦是否告别了叔本华》,《复旦学报》(社会科学版)1993年第1期,第71—76页。

起,其核心是反本质主义。[①]

虽然概念游戏与语言游戏,含义圈与家族相似在叔本华与后期维特根斯坦由此出发的理论语境和思想地位、最终目标上或有差异,但二者之间的关联线索和相似之处却是不难发现的。

第一,二者在方法上均强调使用,偏重经验和事实。叔本华认为概念的内容从直观中表现出来。维特根斯坦突出和强化了叔本华的这种观点,他区分了概念与语言,提出哲学思考所运用的材料不是概念而是语言,日常语言成为研究对象。由此,他强调哲学思考的方法不是推理,而是语境,语词必须在语境中才能被理解。这种尊重日常语言的态度导致了现代哲学新方法的出现,即注重常识、事实和经验,意义即使用。第二,二人都认为语言是工具,否认语言拥有不以人的意志为转移的客观内容。叔本华认为,概念不具有确定性,不过是语言交流的艺术,是争辩所使用的工具,目的并非真理而是获胜。概念与本质无关,概念辩证法的运用,对于错误的观点也能证明其为真。维特根斯坦明确提出"工具说",认为字词的功能决定了其特性,不能要求语言具有普遍性。语言没有本质、共性和独立的身份,一个词只具有某人

---

① 张祥龙:《评维特根斯坦的反本质主义纲领——"语言游戏"说和"家族相似"论》,《哲学研究》2001年第7期,第47—83页。

已经赋予它的那种意义。二人都用"游戏"这一术语来描述概念与语言,我们可以看到,也正是"游戏"表达了叔本华与后期维特根斯坦对语言的共同看法。①

陶黎铭所阐述的叔本华与后期维特根斯坦之间的这两个关联或相似点十分重要,有力地驳斥了学界关于后期维特根斯坦思想完全出自罗素和弗雷格或毛特纳的偏见,为我们合理地理解叔本华对维特根斯坦的持久影响提供了令人信服的证据。不过,有必要指出的是,陶黎铭过于拘囿于证明二者的相似点,而忽视了他们之间的差异,事实上,无论由于影响而生发的相似点还是因为哲学出发点不同而导致的差异,均属于现代西方哲学叙事链条上的革命性行动。叔本华的含义圈和概念游戏说基于意志主义,后期维特根斯坦游戏理论和家族相似性基于反理性主义和反本质主义,前者背离了西方哲学从柏拉图开始的理性主义传统,后者则否定了从亚里士多德直到《逻辑哲学论》的语言本质论的基本取向。但叔本华的意志主义通向悲观主义与虚无意识,而维特根斯坦后期的思想主旨的最终落脚点则是"生活形式"。叔本华仍是从主体出发,导向主观唯心主义,维特根斯坦的语言游戏和家族相似性则突破了叔本华的主体观念,因为语言游戏

---

① 陶黎铭:《后期维特根斯坦是否告别了叔本华》,《复旦学报》(社会科学版)1993年第1期,第71—76页。

与规则并非主观的东西,而是由社会生活所决定,正确与错误的标注不是由自我意志或个人印象决定,而是由主体间性所决定。

所以,我们认为,叔本华仍然停留在柏拉图主义传统之内,维特根斯坦则真正摆脱和克服了柏拉图主义传统。从叔本华到后期维特根斯坦这场反对柏拉图传统的哲学革命是一场持久的哲学革命,这场革命在叔本华那里肇端,由维特根斯坦最终完成。①

三、"可爱的与可信的":对王国维的影响

王国维,浙江海宁人。初名国桢,字静安,又名伯隅;初号礼堂,晚号观堂,又号永观。1877年12月3日生,1927年6月2日在颐和园投昆明湖自杀。

王国维是中国近代以来第一个具有国际声誉的人文学者。陈寅恪在《王静安先生遗书序》中把王国维的学术成就概括为三个方面:"一曰取地下之实物与纸上之遗文互相释证。凡属考古学及上古史之作,如《殷卜辞中所见先公先王考》及《鬼方昆夷玁狁考》等是也。二曰取异族之故书与吾国

---

① 杨玉昌:《叔本华与西方现代哲学——以克尔凯郭尔、尼采和维特根斯坦为例》,《中山大学学报》(社会科学版)2003年第1期,第53—58页。

之旧籍互相补正。凡属于辽金元史事及边疆地理之作,如《萌古考》及《〈元朝秘史〉之主因亦儿坚考》等是也。三曰取外来之观念,与固有之材料互相参证。凡属于文艺批评及小说戏曲之作,如《〈红楼梦〉评论》及《宋元戏曲考》《唐宋大曲考》等是也。"陈寅恪认为王国维这三个方面的成就,"足以转移一时之风气,而示来者以轨则"[①]。陈寅恪的概括标示出王国维的学术地位和思想史意义。如果要问王国维何以能取得如此杰出的学术成就,合理的回答当然是:除了个人的聪明颖悟,与众不同的方法是其中的关键,这包括久负盛名的"二重证据法",即"取地下之实物与纸上之遗文互相释证"。然而关键之关键则是"取外来之观念,与固有之材料互相参证"。按照一般的看法,王国维"二重证据法"源自与日本学者长期的学术互动与交流以及通过日本学者了解到欧美等国家的历史与文化,西方科学实证的思想、精神对其思想的浸润。对于"二重证据法"的来源一般认为来自宋代金石学、清代乾嘉考据学以及罗振玉的指引。我个人并不认同这样的观点,最直接的反驳证据是,宋代金石学、清代乾嘉考据学以及罗振玉的指引早就存在,如若没有外来观念和方法尤其是哲学的启发,这些现成的方法永远不过是一种暗昧的路

---

① 陈寅恪:《金明馆丛稿二编》,上海:上海古籍出版社,1980年版,第219页。

数。王国维故去之后,他就职的清华学校研究院依托《国学论丛》杂志出版《王静安先生纪念专号》,梁启超为专号所作序言中充分肯定了王国维"贡献于学界之伟绩"。其中指出:"其少年喜谭哲学,尤酷嗜德意志人康德、叔本华、尼采之书,晚虽弃置不甚治,然于学术之整个不可分的理想,印刻甚深,故虽好从事于个别问题,为窄而深的研究,而常能从一问题与他问题之关系上,见出最适当之理解,绝无支离破碎专已守残之蔽。"[①]这是对外来观念于其学术之影响上最确当的评价。

50岁即遗世的王国维向中国学术界引介了德国哲学,法、英、日考古学,丹麦的心理学,日本的法学,英国的逻辑学,等等,当之无愧属于中国现代性进程中第一批把目光投向西方世界的著名学者。在所求取的种种外来观念中,左右其"为学"和"为人"的核心人物自然非叔本华莫属,这是公认的事实。

王攸欣把王国维对叔本华的接受概括为四个阶段。第一阶段(1898年2月—1903年夏)是心仪叔本华、康德时期,王国维涉猎了大量的西方哲学、文化背景知识。第二阶段(1903年夏—1904年春夏间),这是醉心于叔本华的阶段,王国维如饥似渴地阅读叔本华《作为意志和表象的世界》《充足理由律的四重根》《自然界中的意志》等主要著作,被其思想

---

① 陈元晖:《论王国维》,长春:东北师范大学出版社,1989年版,序言第2—3页。

和才华所折服。第三阶段(1904年夏—1908年12月),一方面怀疑叔本华的本体论、伦理学,另一方面又深入思考他的美学观念。这一阶段对叔本华哲学产生可爱与可信之间的犹疑,并在反思中国传统艺术和审美趣味时察觉到叔本华的本体论与伦理学二元论与中国文化"天人合一"一元论之间几乎不可调和的矛盾。这一阶段的《人间词话》根据叔本华的"理念"论美学观念提出"境界说",虽然产生巨大影响,但对自己原创性不足的怀疑也油然而生。第四阶段(1908年12月—1927年6月),这是叔本华影响逐渐淡化的阶段,虽然不能完全擦除叔本华似的心态和精神印记,但自觉而明确的证据已无法找到。[①] 我个人大体赞成这种划分,但某些具体问题仍有待详细讨论,比如王国维的诗词创作是否有叔本华的影响?按照夏中义的考察,《静庵诗稿》可以视为对叔本华哲学情态反刍的精心呈现,虽然不再直愣愣地接受知识,但叔本华的哲思已经浸润到情调、情绪层面,诗词不再简单借用叔本华的术语解说对象,却用个性化语言抒发具有灵性的人生体验,其中关于生命悲剧的主题得到空前强调。[②]

1898年,王国维到上海东文学社学习,在当时的老师田

[①] 王攸欣:《选择·接受与疏离:王国维接受叔本华、朱光潜接受克罗齐美学比较研究》,北京:生活·读书·新知三联书店,1999年版,第25—27页。

[②] 夏中义:《王国维:世纪苦魂》,上海:上海社会科学院出版社,2017年版,第58页。

冈的文集中看到引用的康德、叔本华的哲学文字,这是他第一次了解到叔本华。自觉地阅读叔本华则是多年以后的事,而且带有偶然性。王国维回忆道:

> 余之研究哲学,始于辛、壬(1901—1902年——伍按)之间。癸卯(1903年——伍按)春,始读汗德(今通译康德——伍按)之《纯理批评》(今通译《纯粹理性批判》),苦其不可解,读几半而辍。嗣读叔本华之书,而大好之。自癸卯之夏以至甲辰(1904年——伍按)之冬,皆与叔本华之书为伴侣之时代也。其所尤惬心者,则在叔本华之知识论,汗德之说得因之以上窥;然与其人生哲学,观其观察之精锐与议论之犀利,亦未尝不心怡神释也。后渐觉其有矛盾之处。去夏所作《〈红楼梦〉评论》,其立论虽全在叔氏之立脚地,然于第四章内已提出绝大之疑问。旋悟叔氏之说,半出于主观的气质,而无关于客观的知识。此意于《叔本华及尼采》一文中始畅发之。今岁(1905年——伍按)之春,复返而读汗德之书。嗣今以后,将以数年之力研究汗德,他日稍有所进,取前说而读之,亦一快也。[①]

---

① 王国维:《王国维全集》(第1卷),杭州:浙江教育出版社,2009年版,第3页。

从王国维的自述可以看出,他原本打算去读康德的《纯粹理性批判》,由于晦涩难懂,转而去涉猎叔本华的书,结果不仅为叔氏的知识论所吸引,并因此找到理解康德的门径(他大约在前期已经知晓叔本华的理论即康德哲学的引申发展),而且对叔氏的人生哲学大为叹服。1904年王国维写过一篇叔本华像赞:

> 人知如轮,大道如轨。东海西海,此心此理。在昔身毒,群圣所都。吠陀之教,施于佛屠。亦越柏氏,雅典之哲。悼兹众愚,观影于穴。汗德晚出,独辟启涂,铸彼现象,出我洪炉。觥觥先生,集其大成。载厚其址,以筑百城。刻楠飞甍,俯视星斗。懦夫骇焉,流汗却走。天眼所观,万物一身。搜源去欲,倾海量仁(但指其学说言)。嗟予冥行,百无一可。欲生之戚,公既诏我。公虽云亡,公书则存。悉言千复,奉以终身。[①]

熟悉王国维的人大都记得他曾有过一篇著名的康德像赞,而这篇叔本华像赞却少为人知,它既没有选入作者生前

---

① 王国维:《叔本华像赞》,原载《教育世界》1904年6月总第77号肖像栏背面。转引自佛雏:《书王国维轶文〈叔本华像赞〉》,《扬州师范学院学报》(社科科学版)1988年第4期第1—3页。又见王国维:《王国维全集》(第14卷),杭州:浙江教育出版社,2009年版,第13页。

的《静安文集》,也未被他身后的各类全集、文集收录,逮至1988年才经佛雏整理挖掘,重新进入读者的视野。与康德像赞相比,这篇叔本华像赞的重要性实在毫不逊色:它不仅简练地介绍了叔本华的思想来源和崇高地位,而且表达了终身服膺叔氏学说的心愿。这种初遇的惊喜崇奉,其结果是,王国维一方面写出专门介绍叔本华的《叔本华之哲学及其教育学说》《叔本华与尼采》《书叔本华遗传说后》等文章,另一方面尝试从叔氏的观点立场出发,以比较方式反观中国传统哲学命题,如《论性》《释理》《原命》以及引人注目的文学评论《〈红楼梦〉评论》等。对叔本华的接受不仅奠定和规范了王国维此后学术致思方式和方法,也潜在影响了他的人生态度和价值立场,甚至包括他对死亡的选择。

《论性》《释理》《原命》是早期尝试用叔本华等人的外来观念解决什么是"性",什么是"理",什么是"命"这三个中国哲学和思想史上长期争论不休、悬而未决的问题。[1]

《论性》一文认为中国自尧之命舜"人心唯危,道心唯微"至孔子"性相近,习相远",孟子之"性善",荀子之"性恶",其后凡儒家中人,如董仲舒、张载、周敦颐、程颐、程颢、朱熹无不言人性问题。在这方面,西方也呈现出与中国大同小异的

---

[1] 陈元晖:《论王国维》,长春:东北师范大学出版社,1989年版,第22页。

学术或思想景观。"古今东西之论性,未有不自相矛盾者。"①之所以如此,在于把一个经验问题置于超验的平台或语境中进行言说:

> 故从经验上理论,不得不盘旋于善恶二元论之胯下。然吾人之知识,必求其说明之统一,而绝不以此善恶二元论为满足也。于是性善论、性恶论及超绝的一元论(即性无善、无不善说即可以为善、可以为不善说)接武而起。夫立于经验之上以言性,虽所论者非真性,然尚不至于矛盾也。至超乎经验之外,而求其说明之统一,则虽反对之说,吾人得持其一,然不至自相矛盾不止。何则?超乎经验之外,吾人固有言论之自由,然至欲说明经验上之事实时,则又不得不自圆其说,而复反于二元论。故古今言性者之自相矛盾,必然之理也。②

按照王国维通过叔本华理解到的康德的观点,人类知识可以区分为先天的和后天的,时间、空间和悟性是先天的知识范畴,后天的知识就是经验知识。无论先天和后天知识,

---

① 王国维:《王国维全集》(第1卷),杭州:浙江教育出版社,2009年版,第4页。
② 王国维:《王国维全集》(第1卷),杭州:浙江教育出版社,2009年版,第6页。

都是确切的,但前者具有普遍性和必然性。先天知识关涉的是知识的形式,后天知识关涉的是知识的材质。"而性故一知识之材质也。若谓后天中知之,则所知者又非性。何则?吾人经验上所知性,其受遗传与外部之影响者不少,则其非性之本来面目,固已久矣。故断言之曰:性之为物,超乎吾人之知识外也。"① 这表明,人性是超验的主观知识,是宗教、历史、文学艺术中人言人殊的问题,这种知识在各自语境、平台上谈论,或完全从经验出发体悟,都勉勉强强能够做到自洽,"然欲以之说明经验,或应用于修身之事业,即矛盾随之而起"。② 也就是,如果非要硬生生地把主观的问题用统一的知识形式或观点来谈论,那么必然造成各种聚讼纷纭,似是而非的伪问题、伪知识。对此,合理的态度恐怕还得如维特根斯坦所言,"凡是可说的东西都可以说得清楚;对于不能谈论的东西必须保持沉默"。③

在《释理》一文中,王国维借用叔本华的充足理由律证明天下之物,绝不存在无理由而存在的现象。在叔本华那里,充足理由律从客观上说是世界的普遍法则,从主观上说则是

---

① 王国维:《王国维全集》(第1卷),杭州:浙江教育出版社,2009年版,第5页。
② 王国维:《王国维全集》(第1卷),杭州:浙江教育出版社,2009年版,第17页。
③ [奥地利]路德维希·维特根斯坦:《逻辑哲学论》,贺绍甲译,北京:商务印书馆,1996年版,第23页。

人的认识的普遍形式,可以分为四种,即逻辑学上的形式、物理学上的形式、数学上的形式、实践上的形式。王国维依据叔本华的观点,把"理"做两种理解,一种是理由,另一种是理性:

> 以理由而言,为吾人知识之普遍之形式;以理性而言,则为吾人构造概念及定概念间之关系之作用,而知力之一种也。故理之为物,但有主观的意义而无客观的意义。易言以明之,即但有心理学上之意义,而无形而上学上之意义也。然以理性之作用为吾人知力作用中最高者,又为动物之无而人之所独有,于是但有心理学上之意义者,于前述形而上学之意义外,又有伦理学上之意义,此又中外伦理学之所同,而不可不深察而明辨之者也。①

由于在中国传统文化中,自宋代以后,"理"本就包含伦理学的意义,所以乍见叔本华哲学释"理"为理由、理性,国人并不赞同,但经由比较辨析,则道理昭然:

---

① 王国维:《王国维全集》(第1卷),杭州:浙江教育出版社,2009年版,第29页。

若以理由言,则伦理学之理由,所谓动机是也。一切行为,无不有一物为之机栝,此机栝或为具体的直观,或为抽象的概念,而其为此行为之理由则一也。由动机之正否,而行为有善恶。故动机,虚位也,非定名也。善亦一动机,恶亦一动机。理性亦然。理性者,推理之能力也。为善由理性,为恶亦由理性,则理性之但为行为之形式,而不足为行为之标准,昭昭然矣。惟理性之能力,惟动物之所无而人类之独有,故世人遂以形而上学之所谓真与伦理学之所谓善,尽归诸理之属性。不知理性者,不过吾人知力之作用,以造概念,以定概念之关系,除为行为之手段外,毫无关于伦理上之价值。其所以有此误解者,由理之一字乃一普遍之概念故。[1]

王国维从叔本华的观点出发,认为伦理上的理由,是行为的动机,动机无善恶之分;理性也是如此,本身并无善恶之分,区别仅在,理性是人类独有的,人类通过理性进行概念活动,从而整理和建构知识体系。我们之所以把"理"看作一种伦理价值,是因为"理"是一种普遍性概念,这种误解,就如胡塞尔在《逻辑研究》开篇引述穆勒关于其逻辑学复杂和混乱

---

[1] 王国维:《王国维全集》(第1卷),杭州:浙江教育出版社,2009年版,第33页。

的原因说明:"多数著述者在涉及它时往往都采用通用的语言来表述他们不同的思想。"①也就是概念使用的混乱。王国维大约深感中国学术理论思辨之严重不足,因而在叔本华哲学刺激下,希冀对中国知识来一个康德式的三大批判。"我国哲学上之议论,集于'性'与'理'二字,次之者'命'也。"②《原命》一文便是一种有意识的连续知识辩证活动。

　　王国维认为"命"有两种意义,一种是《论语》"死生有命"的"命",一种是《中庸》所谓"天命之谓性"的"命"。他介绍了西洋的定命论(Fatalism,宿命论)及定业论(Determinism,决定论)。与此相应的是,中国人的定命论,"不外定命论与非定命论二种"。这样的观点在哲学上并无多大意义。中国传统哲学中没有主张定业论的,与这种观点相似的所谓"命",则是与"性"和"理"相近的意思,如朱熹所言:"天即理也,命即性也,性即理也。"王国维认为在这样的概念系统中,根本无法谈清楚"命"的问题,因此"转而论西洋哲学上与此相似之问题,即定业论与自由意志论之争及其解决之道"③来昌明"命"的意义。

---

① [德]埃德蒙德·胡塞尔:《逻辑研究》(第1卷),倪梁康译,上海:上海译文出版社,1994年版,第1页。
② 王国维:《王国维全集》(第14卷),杭州:浙江教育出版社,2009年版,第58页。
③ 王国维:《王国维全集》(第14卷),杭州:浙江教育出版社,2009年版,第59页。

王国维首先介绍康德在《纯粹理性批判》中关于自由的观点,指出康德视自由为因果律混淆了自由之因果和自然之因果的弊端。他认为叔本华在绍述康德观点的基础上虽然指出了康德的错误,然而也未能完全解决决定论于意志自由的矛盾问题。

> 谓动机律之在人事界与因果律之在自然界同,故意志之既入经验界而现于个人之品性以后,则无往而不为动机所决定。惟意志之自己拒绝或自己主张,其结果虽现于经验上,然属意志之自由。然其意志之拒绝自己本于物我一体之知识,则此知识非即拒绝意志之动机乎?则"自由"二字,意志之本体,果有此之性质否?吾不能不知。然其在经验之世界中,不过一空虚概念,终不能有实在之内容也。①

叔本华认为意志不遵守因果律,不受动机决定,但只要进入经验界,则又无往而不受因果律的制约。意志的本体有没有自由,我们无法知道,然而在经验的世界中,自由不过是一个空虚概念,即没有实在的内容。按照叔本华的观

---

① 王国维:《王国维全集》(第14卷),杭州:浙江教育出版社,2009年版,第62页。

点,意志在经验世界中表现为动机。人的行为都有动机,动机表现为意志。动机即生存意志或生命意志。求生的欲望是生命的基本原则,它支配着意志,所以意志也是不自由的。

我们不能赞同陈元晖所谓"《原命》一文,王国维宣传了叔本华的因果律,为生命受幻影支配的悲观主义奠定了哲学基础"[1]这样的判断,因为王国维实际上暗中怀疑并批评了叔本华,他把不自由理解为受责任的制约,自由与责任是事物的一体两面,并最终认为这就是传统"命"的观念的根底所在,而且特别提醒不必绕道叔本华的自由意志论来观照"命"的奥秘。这大约也是潘知常所指出的王国维与叔本华的区别吧,他敏锐地意识到,"前者依托的是经验,后者依托的是信仰"[2]。但无论如何,我们都无法否认王国维《论性》《解理》《原命》受到了叔本华哲学的极大影响,并且努力把其中的核心思想融入中国固有之心性传统中去。

1904年的《〈红楼梦〉评论》是叔本华唯意志论哲学思想的集中表现,他把叔本华和《红楼梦》并称为解决人类"欲望"问题的大作:"其自哲学上解此问题者,则二千年间,仅有叔本华之《男女之爱之形而上学》耳。诗歌、小说之描写此事

---

[1] 陈元晖:《论王国维》,长春:东北师范大学出版社,1989年版,33页。
[2] 潘知常:《王国维的美学末路》,《福建论坛·人文社会科学版》2004年第8期,第59—64页。

者,同古今东西,殆不能悉数,然能解决之者鲜。《红楼梦》艺术,非徒提出此问题,又解决之者也。"[1]叔本华认为人的本质是一场悲剧这样的观点完全被王国维所接受:

> 生活之本质何?欲而已矣。欲之为性无厌,而其原生于不足。不足之状态,苦痛是也。既偿一欲,则此欲以终。然欲之被偿者一,而不偿者什佰。一欲既终,他欲随之。故究竟之慰藉,终不可得也。即使吾人之欲悉偿,而更无所欲之对象,倦厌之情即起而乘之。于是吾人自己之生活,若负之而不胜其重。故人生者,如钟表之摆,实往复于苦痛与倦厌之间者也。夫倦厌故可视为苦痛之一种。有能除去此二者,吾人谓之曰快乐。然当其求快乐也,吾人于固有之苦痛外,又不得不加以努力,而努力亦苦痛之一也。且快乐之后,其感苦痛也弥深。故苦痛而无回复之快乐者有之矣,未有快乐而不先之或继之以苦痛者也。又此苦痛与世界之文化俱增,而不由之而减。何则?文化愈进,其知识弥广,其所欲弥多,又其感苦痛亦弥甚故也。然则人生之所欲,既无以逾于生活,而生活之性质又不外乎苦痛,故欲与生活与苦痛,三

---

[1] 王国维:《王国维全集》(第1卷),杭州:浙江教育出版社,2009年版,第60页。

者一而已矣。①

根据叔本华对于人的本质的解释,王国维承认世界即生活欲望的存在,生活处处以苦痛惩罚人的欲望,因此,人会努力寻求解脱之路。自我惩罚、自我忏悔、自我超越均属此类。文学艺术最为显眼,其存在的目的,就在于描写人生苦痛及解脱之道,从而使读者能脱离生活之欲望的争斗,得暂时之平和。"《红楼梦》一书,实示此生活此苦痛之由于自造,又示其解脱之道不可不由自己求之者也。"②它一反中国固有之文学的乐观主义、喜剧、团圆结局的面相,称《红楼梦》书中人物贪婪生活,都是欲望的奴隶,因而无法摆脱痛苦,因此是一部真正的悲剧作品。

叔本华把悲剧分为三种:第一种是"由极恶之人,极其所有之能力以交媾之者"。第二种是"由于盲目的命运者"。第三种是"由于剧中之人物之位置及关系,而不得不然者,非必有蛇蝎之性质与意外之变故也"。③ 王国维认为第三种悲剧

---

① 王国维:《王国维全集》(第1卷),杭州:浙江教育出版社,2009年版,第55页。
② 王国维:《王国维全集》(第1卷),杭州:浙江教育出版社,2009年版,第62页。
③ 王国维:《王国维全集》(第1卷),杭州:浙江教育出版社,2009年版,第66页。

最具壮美之情。因为,这种悲剧:

> 但由普通之人物,普通之境遇,逼之不得不如是。彼等明知其害,交施之,而交受之。各加以力,而各不任其咎。此种悲剧,其感人贤于前二者远甚。何则?彼示人生之最大之不幸,非例外之事,而人生之所固有故也。若前二种之悲剧,吾人对蛇蝎之人物,与盲目之命运,未尝不悚然战栗,然以其罕见之故,犹幸吾生之可以免,然不必求息肩之地也。但在第三种则见此非常之势力,足以破坏人生之福祉者,无时而不可坠于吾前。且此等惨酷之行,不但时时可受诸己,而或可以加诸人。躬丁其酷,而无不平之可鸣,此可谓天下之至惨也。[①]

《红楼梦》描述的正是第三种"通常之道德,通常之人情,通常之境遇"其所生成的无所逃于天地之间的大悲剧,这也恰恰是人生存在的常态,毋宁说,《红楼梦》乃叔本华哲学著作在中国的译本。最后,王国维按照叔本华《作为意志和表象的世界》一书中推崇伦理学的做法,讨论了《红楼梦》的伦理价值。王国维认为如果单单讨论《红楼梦》的美学价值,而

---

① 王国维:《王国维全集》(第1卷),杭州:浙江教育出版社,2009年版,第66—67页。

不顾及其伦理学上之价值,则《红楼梦》作为"美术"的价值并不全面。《红楼梦》的伦理价值何在?"解脱"是也。他认为《红楼梦》的求解脱的伦理追求与叔本华的言说相比更具价值。他引叔本华《作为意志和表象的世界》中的一段原文之后,认为叔氏单单引用《约翰福音》《吠陀》等宗教经典,不足以说明问题。因为"解脱"是否成为伦理学上的最高理想,在于解脱是否真正能够实现,从而引出无生主义(即宗教上的断绝欲念)和生生主义(即世俗生活努力满足欲念),通过分析比较,两种方式均是"解脱"的理想主义,无法实现。但《红楼梦》却在"美术"和"实行"上都提出了真正的解脱之道:

> 夫以人生忧患如彼,而劳苦之如此,苟有血气者,未有不渴慕救济者也;不求之于实行,犹求之于美术。犹《红楼梦》者,同时与吾人以二者之救济。人而自绝于救济则已耳;不然,则对此宇宙之大著述,宜如何企踵而欢迎之也!①

同时期《红楼梦》研究多是以考据为指归,专钻作者轶事或人物来历,王国维的《〈红楼梦〉评论》借用叔本华观点,紧

---

① 王国维:《王国维全集》(第1卷),杭州:浙江教育出版社,2009年版,第75页。

紧围绕"解脱"二字,可说是独辟蹊径,跳出藩篱。但这样的批评尝试,固是成功之作,却也并非毫无瑕疵,这一点,钱锺书就曾经喝过倒彩。在《谈艺录补订》中,钱锺书认为王国维既未准确理解叔本华"悲剧之悲剧"的含义,又不应该以叔本华哲学释读《红楼梦》。钱锺书指出:

> 王氏于叔本华著作,口沫手胝,《〈红楼梦〉评论》中反复称述,据其说以断言《红楼梦》为"悲剧之悲剧"。贾母惩黛玉之孤僻而信金玉之邪说也;王夫人亲于薛氏、凤姐而忌黛玉之才慧也;袭人虑不容于寡妻也;宝玉畏不得于大母也;由此种种原因,而木石遂不得不离也。洵持之有故矣。然似于叔本华之道未尽,于其理未彻也。苟尽其道而彻其理,则当知木石因缘,侥幸成就,喜将变忧,佳偶始成或以怨偶终;遥闻声而相思相慕,习进前而渐疏渐厌,花红初无几日,月满不得连宵,好事徒成虚话,含饴还同嚼蜡。①

> 苟叔本华之说,则宝黛良缘虽就,而好逑渐至寇仇,"冤家"终为怨偶,方是"悲剧之悲剧"。……王氏附会叔本华以阐释《红楼梦》,不免作法自弊也。盖自叔本华哲

---

① 钱锺书:《谈艺录》,北京:中华书局,1984年版,第349页。

学言之,《红楼梦》未能穷理窟而抉道根;而自《红楼梦》小说言之,叔本华空扫万象,敛归一律,尝滴水知大海味,而不屑观海之澜。夫《红楼梦》,佳著也,叔本华哲学,玄谛也;利导则两美可以相得,强合则两贤必至相厄。此非仅《红楼梦》与叔本华哲学为然也。①

按钱锺书的意思,哲学的归哲学,文学的归文学,不能强行以彼释此。这种识见确实有道理,我们看到,今天仍然大量存在强行以哲学阐释文学艺术的现象存在,导致种种啼笑皆非的结论出现。敬慕王国维的叶嘉莹也不得不承认"静安先生之治学,一向以谨严著称,然而在《〈红楼梦〉评论》一文中,他却有着许多立论不够周密的地方"②。并且进一步指出造成这种不够周密情况的两个原因,一是王国维是近代第一个运用西方哲学从事中国文学批评的人物,拓荒之举,瑕疵难免。二是王国维的性格和心态与叔本华的悲剧哲学及《红楼梦》的悲剧人生经验,多有暗合之处,造成以他人酒杯浇自己心中块垒的情形,因此对叔本华哲学和《红楼梦》这部小

---

① 钱锺书:《谈艺录》,北京:中华书局,1984年版,第351页。
② 叶嘉莹:《王国维及其文学批评》,石家庄:河北教育出版社,1997年版,第175页。

说,不免过于偏爱。① 叶嘉莹针对《〈红楼梦〉评论》中以哲学理论硬套文本的方式提出了与钱锺书大致相近的批评意见:

> 这种文学批评,较之中国就传统说诗人的愚执比附之说,从表面上看虽似乎稍胜一筹,好像既有理论的系统又有进步的思想,然而事实上则东方与西方及古代与现代之间,在思想和感受方面原有着很多差别不同之处,如果完全不顾及作品本身的质素,而一味勉强地牵附,当然不免于错误扭曲的缺失。②

但王国维应用叔本华哲学来阐释《红楼梦》不能单单归咎于以哲学释文学的错置,假若硬要冠以错置二字,原因不在个人,而在时代、社会之逼迫,正如吴炫所揣测的:"从王国维开始,中国学人引进西方理论,主要是借一种既定的话语来宣泄对现实反叛的冲动。"③这种逼迫也因此催生了此后中国文学社会批评或外部批评的典范形态。缪钺曾指出:

---

① 叶嘉莹:《王国维及其文学批评》,石家庄:河北教育出版社,1997年版,第175—176页。
② 叶嘉莹:《王国维及其文学批评》,石家庄:河北教育出版社,1997年版,第178—179页。
③ 吴炫:《说自己的话》,《读书》1995年第12期,第82—84页。

曹雪芹作《红楼梦》时虽未必有此意,而王静安评《红楼梦》则未尝不可作如此想。盖文学家与哲学家不同,文学家观察人生,由于直觉,知然而不必知其所以然,其天才之表现,在乎描写之深刻生动;哲学家观察人生,则用理智,知其然而并知其所以然,其天才之表现,在乎解释之精微透辟……《红楼梦》既为文学伟著,自应包蕴人生真理,王静安所评,亦可称为一种抉微之论……王静安此文,要不失为一篇文学批评之杰作。[1]

我认为这是比较中肯的意见。

在接受叔本华思想的第三阶段王国维写过一篇《古雅之在美学上之位置》(1907年),这是他唯一的纯美学论文,其中提出了"一切之美,皆形式之美"的著名命题。论文包括两方面的内容,一是对形式美的总论,一是对第二形式即古雅美的论述。由于这一阶段王国维不再徘徊于叔本华的哲学门庭,并且表现出极为浓厚的怀疑色彩,《古雅之在美学上之位置》只提及康德、巴克(博克),未正面涉及叔本华,这使得不少研究者断然否认文章受到叔本华的影响,这无疑是误会。叶嘉莹一眼就看出了其中的观点与叔本华的关系,认为王国维的形式论是从叔本华的理念论转化而来,并且提出了

---

[1] 缪钺:《诗词散论》,西安:陕西师范大学出版社,2008年版,第82页。

不容反驳的证据,那就是《古雅之在美学上之位置》第二节基本上是《叔本华之哲学及其教育学说》(1904)其中一段的改写。对应的两节分别是:

> 欲知古雅之性质,不可不知美之普遍之性质。美之性质,一言以蔽之曰:可爱玩而不可利用者是已。虽物之美者,有时亦足供吾人之利用,但人之视为美时,决不计及其可利用之点。其性质如是,故其价值亦存于美之自身,而不存乎其外。而美学上之区别美也,大率分为二种,曰优美,曰宏壮。……要而言之,则前者由一对象之形式不关于吾人之利害,遂使吾人忘利害之念,而以精神之全力沉浸于此对象之形式中。自然及艺术中普通之美皆此类也。后者则由一对象之形式越乎吾人知力所能驭之范围,或其形式大不利于吾人而又觉其非人力所能抗,于是吾人保存自己之本能,遂越乎利害之观念外,而达观其对象之形式,如自然中之高山大川、烈风雷雨,艺术中伟大之宫室、悲惨之雕刻像、历史画、戏曲、小说等皆是也。此二者其可爱玩而不可利用也同。①

---

① 王国维:《王国维全集》(第14卷),杭州:浙江教育出版社,2009年版,第106—107页。

> 唯美之为物,不与吾人之利害相关系;而吾人观美时,亦不知有一己之利害。何则？美之对象,非特别之物,而此物之种类之形式,又观之我,非特别之我,而纯粹无欲之我也。夫空间、时间,既为吾人直观之形式,物之现于空间者并立,现于时间者皆相续,故现于空间、时间皆特别之物也。既视为特别之物矣,则此物与我利害之关系,欲其不生于心,不可得也。若不视此物为与我有利害之关系,而但观其物,则此物已非特别之物,而代表其物之全种,叔氏谓之曰实念。故美之为知识,实念之知识也。而美之中又有优美与壮美之别。今有一物,令人忘利害之关系,而玩之而不厌,谓之曰优美之感情;若其物直接不利于吾人之意志,而意志为之破裂、唯由知识冥想其理念者,谓之曰壮美之感情。[①]

由此观之,叔本华对王国维的影响即便在"可信"与"可爱"之间摇摆不定,依然有着难以割裂的痕迹。这一点尤其体现于《人间词话》的"境界说"中。

"境界"是王国维作为评词的基准提出来的,《人间词话》开门见山写道：

---

① 王国维:《王国维全集》(第1卷),杭州:浙江教育出版社,2009年版,第39页。

词以境界为最上。有境界则自成高格,自有名句。五代、北宋之词所以独绝者在此。①

此后王国维紧紧围绕"境界"一词进行理论概括和批评实践,由此建构了一个独立的体系,即以境界说的提出和运用为主,兼涉文学发生、发展论。不过,王国维相当宽泛地使用"境界"一词,它至少包含两个层面的意思,一个是日常用语中的"境界",一个是王国维独立的批评视域中的"境界"。在后一个层面上,"境界"也混合了佛教、传统诗词语境中的意义。② 而且这些意思都能在中国传统语境中找到确切的来源,再加上《人间词话》的刊行稿(未刊稿是有叔本华名字的——伍按)如《古雅之在美学上之位置》一样,只字未提叔本华的名字,所以很多学者认为境界说已是王国维找到了"可爱"的根据地,从而完全摆脱了叔本华"不可爱"一面的影响。但是我们认为,纯粹从传统文论角度识读和阐释境界说的流行观点并不可靠。

叶嘉莹曾对《人间词话》中"造境"与"写境"有过精到的分析,揭示出王国维对叔本华理论的化用。《人间词话》第二

---

① 王国维:《王国维全集》(第1卷),杭州:浙江教育出版社,2009年版,第461页。
② 叶嘉莹:《王国维及其文学批评》,石家庄:河北教育出版社,1997年版,第188—197页。

则:"有造境,有写境,此理想与写实二派之所由分。然二者颇难分别。因大诗人所造之境必合乎自然,所写之境亦必邻于理想故也。"第五则:"自然中之物,互相关系,互相限制。然其写之于文学及美术中也,必遗其关系、限制之处。故虽写实家亦理想家也。又虽如何虚构之境,其材料必求之于自然,而其构造亦必从自然之法(律)[则],故虽理想家,亦写实家也。"①强调《人间词话》与叔本华已经脱离关系的学者认为"遗其关系限制之处"无非是传统文论中"作者的取舍剪裁",而叶嘉莹敏锐地意识到,这段话所欲阐明的只是创作活动中作者对于外界事物的观照态度及外在事物在作品中的呈现而已,也就是作者的直观感受全部脱离在现实世界中的诸种关系及时间、空间的限制,变成纯粹直观,这样,对象在作品中也就不是单纯"写实"的结果。这实际上来源于叔本华的直观说,等于王国维在《叔本华与尼采》一文中转译的《作为意志和表象的世界》的一段话:"而此特别之对象,其在科学中也,则巍然全体之一部分耳;而在美术中,则遽而代表其物之种族之全体,空间时间之形式对此而失效,关系之法则至此而穷于用。故此时之对象,非个物而但其实念也。"②

---

① 王国维:《王国维全集》(第1卷),杭州:浙江教育出版社,2009年版,第462页。
② 王国维:《王国维全集》(第1卷),杭州:浙江教育出版社,2009年版,第82页。

可见,《人间词话》中所说的"必遗其关系限制之处",指的是叔本华美学中"强离其关系而观之"的直观。照此说法,任何对象只要置于文学艺术中,即便"写境"作品,也因其超然于现实利害及时空限制关系之外,而达到一种"理想"的境地。①对此,贺麟干脆说道:"王国维最后的美学思想完全是接受叔本华的直观说的,他强调'静中观我'为艺术的最高境界。"②受此启发,王攸欣进一步阐释指出,《人间词话》实际上内涵着两套理论倾向,一是境界说,另一种是自然说。两种理论都是叔本华影响的产物,前者是叔本华的变形,后者则是叔本华直观说与中国传统"芙蓉出水""天然去雕饰"之美学趣味关联的产物。但他的观念通过中国传统哲学和文论、美学概念加以形象地表述,所以,构成境界说的大部分理论表述直接来源于《作为意志和表象的世界》,可以说,王国维对叔本华的接受和化用全面深刻地体现在境界说中。③

我们认为,《人间词话》虽然运用了传统文论的话语形态,但它是中国所有诗话词话著作中"路线最正确而价值也

---

① 叶嘉莹:《王国维及其文学批评》,石家庄:河北教育出版社,1997年版,第211—212页。
② 贺麟:《五十年来的中国哲学》,沈阳:辽宁教育出版社,1989年版,第92页。
③ 王攸欣:《选择・接受与疏离:王国维接受叔本华、朱光潜接受克罗齐美学比较研究》,北京:生活・读书・新知三联书店,1999年版,第50页。

最高的"。① 这是因为其内在的运思逻辑是外来的叔本华的美学理论,因此而提出的新的文学批评系统具有极大的意义和价值,它不仅突破了中国传统文论体系,探索了文学和美的本体论,而且第一次尝试建立有哲学基础的美学体系,开创了现代文论和美学的新方向,但"境界说"的问题也正在此处,即"对于中国传统文论而言是全新的,对于叔本华美学而言却只是介绍和运用,这说明王国维对叔本华美学固极推崇,但并未真正深入其里,从其根本处扩展发挥,而只是忙于用它来改造中国文论传统"。② 这种对传统的回归,表面上体现着清末"中学为体,西学为用"观念的框范,实际上仍然是王国维个人对于西学"可爱"与"可信"的矛盾犹疑所致,恰如潘知常所指出的:

  基于生命意义的危机而希图通过哲学探究人生终极之理的王国维,理所当然地要求哲学具有可信性,这充分显示出他对自己的生活实践的强烈的知识论的要求(在"可爱"与"可信"的冲突中放弃了哲学,就是因为

---

① 叶嘉莹:《王国维及其文学批评》,石家庄:河北教育出版社,1997年版,第317页。
② 王攸欣:《选择·接受与疏离:王国维接受叔本华、朱光潜接受克罗齐美学比较研究》,北京:生活·读书·新知三联书店,1999年版,第118页。

他不愿意再以哲学上的矛盾来增加人生之苦),而且与叔本华从来没有想过要在生活中实践他的禁欲解脱论恰恰相反。经验是事实,但是不是价值,倘若没有价值介入,经验就很容易僭代价值,价值于是就成为伪价值。王国维与传统没有任何不同。他与传统的不同之处只在于,第一次意识到了"伪价值"的存在。至于"伪价值"的由来,他懵然不知,如何去寻求真正的价值,他更一筹莫展。[1]

潘知常抛开纠缠不止的中西问题,直接进入人类的普遍价值维度来评判王国维对叔本华接受的意义,确有石破天惊之效。但以本体论和经验论比对,以传统和西学相胜,则仍然值得商榷。文化的信仰是否就排除了个体的生命信仰,甚或文化的理想和信仰在个体生命信仰面前就十分地不堪也是可以再议的。此外,从前面我们所介绍的叔本华的生平事迹可以看出,他的哲学也是经验的结果;而且王国维本身既有为己之愿,也有为人之行动。在《〈红楼梦〉评论》中论及人生及美术之关系:

---

[1] 潘知常:《王国维的美学末路》,《福建论坛·人文社会科学版》2004年第8期,第59—64页。

吾人之知识与实践之二方面，无往而不与生活之欲相关系，即与苦痛相关系。兹有一物焉，使吾人超然于利害之外，而忘物与我之关系。此时也，吾人之心无希望，无恐怖，非复欲之我，而但知之我也。此犹积阴弥月，而旭日杲杲也；犹覆舟大海之中，浮沉上下，而漂着于故乡之海岸也；犹阵云惨淡，而插翅之天使，赍平和之福音而来者也；犹鱼之脱于罾网，鸟之自樊笼出，而游于山林江海也。然物之能使吾人超然于利害之外者，必其物之于吾人无利害之关系而后可，易言以明之，必其物非实物而后可。然则非美术何足以当之乎？①

王国维也深晓中西文学之有无人格、信仰之差异：

至叙事的文学（谓叙事传、史诗、戏曲等，非谓散文也），则我国尚在幼稚时代。元人杂剧，美则美矣，然不知描写人格为何事。至国朝之《桃花扇》，则有人格矣，然他戏曲则殊不称是。……以东方古文学之国，而最高之文学无一足以与西欧匹者，此则后此文学家之责矣。②

---

① 王国维：《王国维全集》（第1卷），杭州：浙江教育出版社，2009年版，第56—57页。
② 王国维：《王国维全集》（第14卷），杭州：浙江教育出版社，2009年版，第96页。

同时,王国维还有着深刻的理论自觉。他提出需要三点觉醒:第一,中国学术思想有待外来之刺激始能发展;第二,需要西方理论弥补传统固有之不足;第三,需援用译自西方之语言字汇作为表达媒介。并且提出把西方之新理论新观念融入中国固有之传统的原则。[①] 正因为如此,所以王国维才成为刘勰之后第二个真正具有理论体系的文艺理论家。

　　当然以上种种可以辨别的理由,并不能否定潘知常的立论,因为王国维确实未曾真正认识到"悲剧的真正意义是一种深刻的认识,认识到[悲剧]主角所赎的不是他个人特有的罪,而是原罪,亦即生存本身之罪"。[②] 也就是不知"伪价值"的来由,对"新价值"的追寻也茫茫然不知所往,最后以叔本华所反对的自杀方式而终结自己的在世生命,但反观当下所谓的"内卷""躺平",这又何曾是王国维一人之悲剧,一时之悲剧?

　　总之,被《叔本华的哲学》的作者布罗恩·梅耶(Bryan Magee)评价为将东方思想与自己的作品联系起来的唯一伟大的西方哲学家的叔本华[③],运用东方思想和思维,首次打破

---

① 叶嘉莹:《王国维及其文学批评》,石家庄:河北教育出版社,1997年版,第125页。
② [德]叔本华:《作为意志和表象的世界》,石冲白译,北京:商务印书馆,1982年11月版(2017.11重印),第350页。
③ Bryan Magee. *The Philosophy of Schopenhauer*, New York : Oxford University press,1983,p.15.

了西方柏拉图主义和基督教有神论与东方直觉主义和无神论之间的壁垒,一方面为西方开创了一个通过吸取东方思想批判其传统来建立新的哲学的趋势——在叔本华之后,海德格尔等西方现代哲学家愈来愈关注和吸取东方的思想,愈来愈深入地批判柏拉图主义和基督教,促进西方哲学进一步向现代和后现代转变;另一方面,这一路径的选择也为东方哲学接受西方哲学的影响以建立现代哲学开辟了途径。王国维正是沿着这一途径在哲学观念和文学批评上从东方走向西方,走向叔本华。[1] 这种宿命一般的双向选择既表征了各自遭遇的知识和文化困境,也在互为启发的突围中,催促着各自所属传统文化的现代转化。

---

[1] 杨玉昌:《论叔本华和王国维的哲学转向》,《中共浙江省委党校学报》2001年第1期,第47—52页。

主要参考文献

一、叔本华作品

［德］叔本华:《作为意志和表象的世界》,石冲白译,北京:商务印书馆,1982年。

［德］叔本华:《伦理学的两个基本问题》,任立,孟庆时译,北京:商务印书馆,1996年。

［德］叔本华:《充足理由律的四重根》,陈晓希译,北京:商务印书馆,1996年。

［德］叔本华:《自然界中的意志》,任立,刘林译,北京:商务印书馆,1997年。

［德］叔本华:《叔本华哲言录》,韦启昌编译,上海:上海人民出版社,2016年。

［德］叔本华:《作为意志和表象的世界》,刘大悲译,哈尔滨:哈尔滨出版社,2016年。

［德］叔本华:《作为意志和表象的世界》,景天译,北京:中国华侨出版社,2017年。

[德]阿图尔·叔本华:《附录与补遗》(第1卷),韦启昌译,上海:上海人民出版社,2019年。

[德]阿图尔·叔本华:《附录和补遗》(第2卷),韦启昌译,上海:上海人民出版社,2020年。

Arthur Schopenhauer. *The World As Will and Representation*, Vol. 2, trans. E. F. J. Payne, New York: Dover Publications, Inc., 1969.

Arthur Schopenhauer. *Parera and Paralipomena: Short Philosophical Essays*, Trans. E. F. J. Payne, New York: Oxford University Press Inc., 1974.

Arthur Schopenhauer. *Manuscript Remains in Four Volumes*, trans. E. F. J. Payne, ed. Arthur Hübscher. Oxford: Berg, 1988.

二、著作

[英]洛克:《人类理解论》,关文运译,北京:商务印书馆,1959年。

[英]乔治·贝克莱:《人类知识原理》,关文运译,北京:商务印书馆,1973年。

陈寅恪:《金明馆丛稿二编》,上海:上海古籍出版社,1980年。

[美]诺尔曼·马尔康姆:《回忆维特根斯坦》,李步楼,贺

绍甲译,北京:商务印书馆,1984年。

钱锺书:《谈艺录》,北京:中华书局,1984年。

[德]费希特:《全部知识学的基础》,王玖兴译,北京:商务印书馆,1986年。

[德]尼采:《悲剧的诞生——尼采美学文选》,周国平译,北京:生活·读书·新知三联书店,1986年。

[荷]C.A.范坡伊森:《维特根斯坦哲学导论》,刘东,谢维和译,成都:四川人民出版社,1988年。

陈元晖:《论王国维》,长春:东北师范大学出版社,1989年。

贺麟:《五十年来的中国哲学》,沈阳:辽宁教育出版社,1989年。

[奥地利]路德维希·维特根斯坦:《逻辑哲学论》,贺绍甲译,北京:商务印书馆,1996年。

叶嘉莹:《王国维及其文学批评》,石家庄:河北教育出版社,1997年。

金惠敏:《意志与超越:叔本华美学思想研究》,北京:中国社会科学出版社,1999年。

王攸欣:《选择·接受与疏离:王国维接受叔本华、朱光潜接受克罗齐美学比较研究》,北京:生活·读书·新知三联书店,1999年。

[德]尼采:《查拉图斯特拉如是说》,黄明嘉译,桂林:漓

江出版社,2000年。

[俄]别尔嘉耶夫:《自由的哲学》,董友译,桂林:广西师范大学出版社,2001年。

[英]尼古拉斯·布宁,余纪元:《西方哲学英汉对照辞典》,北京:人民出版社,2001年。

[日]今村仁司等:《马克思、尼采、弗洛伊德、胡塞尔:现代思想的源流》,周秀静等译,石家庄:河北教育出版社,2001年。

[法]吉尔·德勒兹:《尼采与哲学》,周颖,刘玉宇译,北京:社会科学文献出版社,2001年。

[德]海德格尔:《尼采》,孙周兴译,北京:商务印书馆,2002年。

[德]康德:《判断力批判》,邓晓芒译,北京:人民出版社,2002年。

[古希腊]柏拉图:《柏拉图全集》,王晓朝译,北京:人民出版社,2003年。

[德]康德:《纯粹理性批判》,邓晓芒译,北京:人民出版社,2004年。

[古希腊]亚里士多德:《诗学》,罗念生译,上海:上海人民出版社,2005年。

[英]路德维希·维特根斯坦:《维特根斯坦笔记》,[芬]冯·赖特,海基·尼曼编,许志强译,上海:复旦大学出版社,

2008年。

王国维:《王国维全集》,杭州:浙江教育出版社,2009年。

[美]罗伯特.C.所罗门,凯瑟琳.M.希金斯:《尼采到底说了什么?》,于卉芹译,北京:新华出版社,2012年。

[古印度]《奥义书》,黄宝生译,北京:商务印书馆,2012年。

[德]托马斯·曼:《多难而伟大的十九世纪》,朱雁冰译,杭州:浙江大学出版社,2013年。

[德]黑格尔:《精神现象学》,贺麟,王玖兴译,上海:上海人民出版社,2013年。

[英]罗杰·斯克拉顿:《现代哲学简史》,陈四海,王增福译,南京:南京大学出版社,2013年。

[英]克里斯托弗·贾纳韦:《叔本华》,龙江译,南京:译林出版社,2014年。

[英]蒙克:《维特根斯坦传:天才之为责任》,王宇光译,杭州:浙江大学出版社,2014年。

陈铨:《从叔本华到尼采——陈铨德国哲学文集》,西安:陕西人民教育出版社,2016年。

夏中义:《王国维:世纪苦魂》,上海:上海社会科学院出版社,2017年。

江怡:《维特根斯坦传》,南京:江苏人民出版社,

2018年。

[美]戴维·E.卡特赖特:《叔本华传》,何晓玲译,杭州:浙江大学出版社,2018年。

[英]罗杰·M.怀特:《导读维特根斯坦〈逻辑哲学论〉》,张晓川译,重庆:重庆大学出版社,2018年。

[德]弗里德里希·尼采:《我的哲学之师叔本华》,周国平译,北京:北京十月文艺出版社,2019年。

[德]格奥尔格·西美尔:《叔本华与尼采》,莫光华译,北京:商务印书馆,2019年。

[美]S.杰克·奥德尔:《叔本华》,王德岩译,北京:清华大学出版社,2019年。

[美]彼得·刘易斯:《悲观的智者:叔本华传》,沈占春译,桂林:漓江出版社,2019年。

[美]撒穆尔·伊诺克·斯通普夫,[美]詹姆斯·菲泽:《西方哲学史》,邓晓芒,匡宏等译,北京:北京联合出版社,2019年。

[英]勃特兰·罗素:《西方哲学史》,解志伟,侯坤杰译,北京:应急管理出版社,2019年。

三、论文

[德]W.阿本德罗特:《叔本华的〈世界是意志和表象〉述评》,壬六译,《哲学译丛》1982年第6期。

李淑英:《评叔本华的意志本体论》,《中国人民大学学报》1990年第2期。

陶黎铭:《后期维特根斯坦是否告别了叔本华》,《复旦学报》(社会科学版)1993年第1期。

徐应江:《维特根斯坦美论:从"本质"到"家族相似"》,《社会科学家》1993年第2期。

周春生:《艺术的逃遁与艺术的拯救——论叔本华与尼采艺术哲学的差异》,《哲学研究》1997年第8期。

成海鹰:《叔本华百年研究综述》,《现代哲学》2001年第3期。

张明仓:《意志论:当代哲学的一个重要生长点》,《天津社会科学》2001年第6期。

张祥龙:《评维特根斯坦的反本质主义纲领——"语言游戏"说和"家族相似"论》,《哲学研究》2001年第7期。

杨玉昌:《叔本华与西方现代哲学——以克尔凯郭尔、尼采和维特根斯坦为例》,《中山大学学报》(社会科学版)2003年第1期。

潘知常:《王国维的美学末路》,《福建论坛·人文社会科学版》2004年第8期。

亓学太:《观念与世界:洛克与贝克莱的分歧与回应》,《社会科学》2011年第4期。

杨宗伟:《论青年叔本华的"优越意识"概念——从德国

哲学意志论转向的视角来看》,《世界哲学》2019年第4期。

四、外文文献

William Wallace. *Life and Writings of Arthur Schopenhauer*. New York and Melbourne: The Walter Scott Publishing Co.,Ltd.,1890.

Bryan Magee. *The Philosophy of Schopenhauer*, New York:Oxford University Press,1983.

Christopher Janeway. *Self and World in Schopenhauer's Philosophy*, New York: Oxford University Press Inc., 1989.

Dele Jaquette. *Schopenhauer, philosophy, and the arts*, Cambridge: Cambridge University Press, 1996.

David E. Cartwright, *Schopenhauer: A Biography*. New York: Cambridge University Press,2010.

R. Raj Singh, *Schopenhauer: A Guide for the Perplexed*. New York: Continuum International Publishing Group, 2010.

后　记

我记得别尔嘉耶夫在《自由的思想》中有过一个惊人的判断,他说,我们时代已经远离存在,人们思考的是关于存在,写作的也是关于存在,即无论思想对象还是写作方式均陷入了一种毫无生命气息的机械和空壳状态。距离别尔嘉耶夫写下这一判断已经过去了一百一十年,机械和空壳化的思考不仅未能消失,反而有愈演愈烈之势。难道我们真的在劫难逃了吗? 不,沿着已经陌生的生命之道回到存在,也许比别尔嘉耶夫念念不忘的宗教之路(尽管某种意义上,别氏的宗教离生命并不太远)更为可靠,这不是返祖,而是归真。感谢潘知常先生给予的信任,让我有机会通过叔本华,通过《作为意志和表象的世界》一同感受回家的温暖。

本书虽然是《作为意志和表象的世界》的导读,但考虑到叔本华这位十九世纪非学院派哲学家丰富而特殊的人生经历与其哲学之间的互文性关系,我不惜用了长长的篇幅详细介绍他的生平,以此作为导读的背景、前沿和经验赋值;也不吝笔墨地介绍他对尼采、维特根斯坦和王国维的影响,以此作为反向思考他的思想价值的梯子。叔本华的哲学在当年不合时宜,今天已被证明是西方甚至整个现代人类的奠基性思想,但在大众视野中,很多情况下叔本华仍然不过是一个天才的幽默作家而已,以《读者》杂志式的口味从其作品中麇集的格言警句到处流行,这是一种严重的误读。实际上,他的传世著作,尤其是《作为意志和表象的世界》,有着严格和科学的论证,镶嵌其中的幽默和警句,最多是存放珠宝的美丽匣子。如果我们没有足够的耐心和时间去读他的原著,那么欣欣然地面对一本集生平、阐释与影响三者合一而构成的导读,远比浏览寻章摘句的格言警句集来得全面而具体,在这样的整体面相中,叔本华思想珠宝的光芒才能真正地闪耀。

感谢辛勤的编辑,没有他们的工作,这本书的诞生永远无法想象。由于水平有限,书中错舛难免,敬请读者批评指正。